最高の人生のつくり方

グレートカオスの秘密

高橋佳子

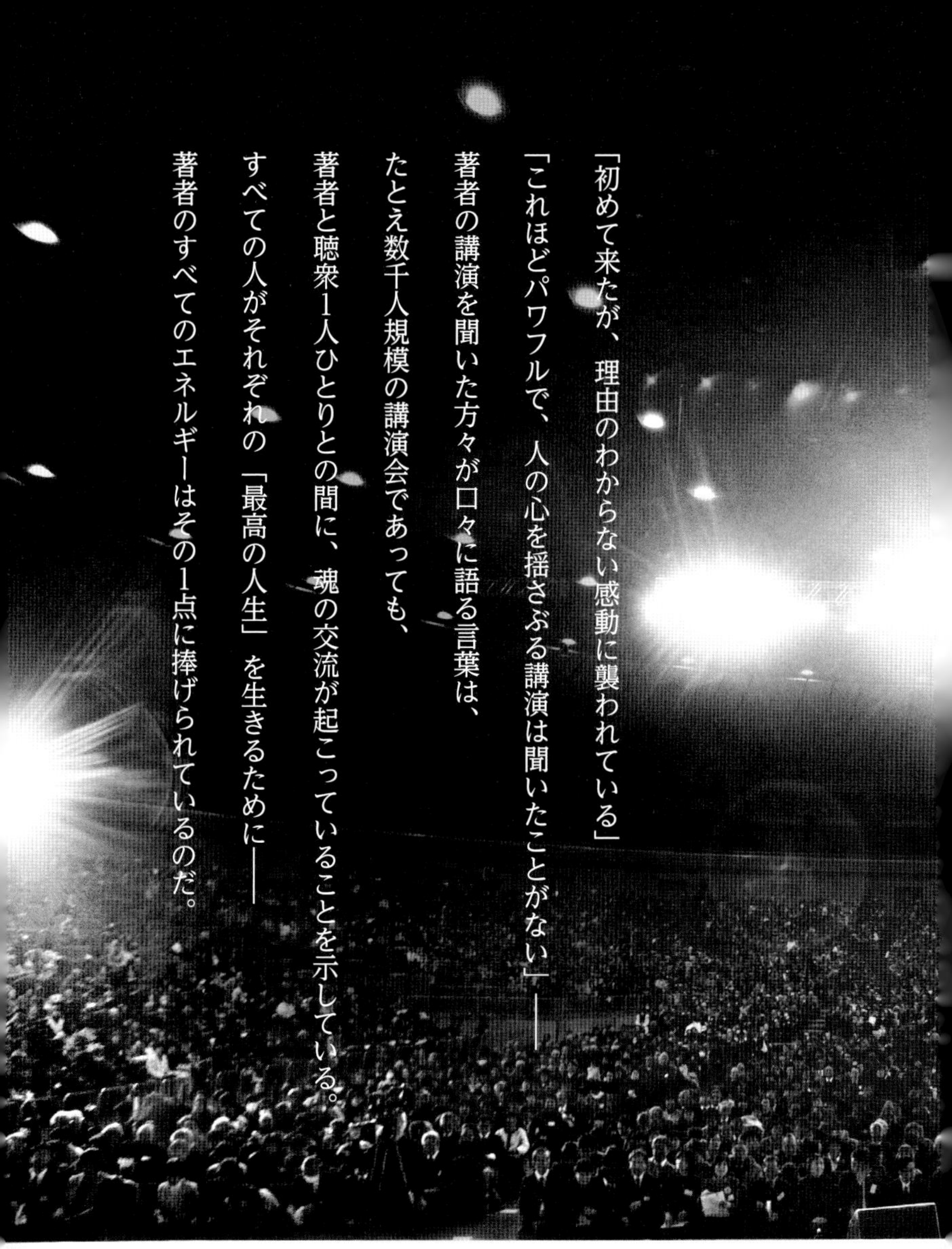

「初めて来たが、理由のわからない感動に襲われている」
「これほどパワフルで、人の心を揺さぶる講演は聞いたことがない」――
著者の講演を聞いた方々が口々に語る言葉は、
たとえ数千人規模の講演会であっても、
著者と聴衆1人ひとりとの間に、魂の交流が起こっていることを示している。
すべての人がそれぞれの「最高の人生」を生きるために――
著者のすべてのエネルギーはその1点に捧げられているのだ。

最高の人生のつくり方

グレートカオスの秘密

高橋佳子

目次

1章

2章

4章 グレートカオスの秘密——最高の人生をつくる 211

「存在の問い」からの道——人生のマキシマがここにある

（本文写真・口絵写真のキャプション／文責・編集部）

プロローグ――人生の「マキシマ」を取り出す

ちまたにあふれる「最高」

本書のタイトルは、「最高の人生のつくり方」です。

あなたは、「最高」という文字を目にして、どんな気持ちを抱《いだ》かれたでしょうか。

ちまたには、「最高」があふれています。

電車に乗って中吊《なかづ》り広告を眺《なが》めれば、どこかに1つは「最高」の文字を見出《みいだ》すことができるでしょう。

最高の品質、最高の使い心地《ごこち》、最高の性能、最高の保障……。最高でない商品を見出すことの方が、最高の商品を見つけることよりも困難なほどです。

仕事や生活に関わる最高だって、負けていません。

最高のリーダー、最高のマネジメント、最高の子育てから始まり、最高の教育、最高の結婚、最高の老後、さらには最高の睡眠《すいみん》や最高の呼吸法、最高の飲み方なんていうのもあります。

世の中は「最高」のオンパレード――。

「最高」は、年中無休の大安売り、大バーゲンと言っても過言《かごん》ではありません。

どこにも見出《みいだ》せない「最高」

しかし、現実の世界に目を向ければどうでしょう。

たとえば、事業に成功し、巨万《きょまん》の富《とみ》を手に入れた起業家《きぎょうか》の中には、私たちの日常とはかけ離れた豪勢《ごうせい》な生活を送る人たちがいます。

その生活を「最高の人生」と呼ぶなら、それは、ほんの一握《ひとにぎ》りの人たちの独占物《どくせんぶつ》でしかありません。

ごく普通の私には、どこを探したって「最高の人生」なんて見当たらない。

自分の人生には、はなから無縁《むえん》のもの――。

「最高の人生」という言葉を耳にするとき、多くの人が感じるのは、手放《てばな》しの共感というよりもむしろ、少しばかりの反感なのではないでしょうか。

それは、私たちの社会を眺《なが》めれば、決して不思議なことではないのです。

「最高」なんてほど遠い

ジャパン・アズ・ナンバーワンと言われていたのは遠い昔――。今、日本の相対的貧困率《そうたいてきひんこんりつ》（国民の所得格差を示す指標）はOECD《オーイーシーディー》諸国中第6位、1人親世帯の場合は第1位という不名誉《ふめいよ》な事態です。

かつて日本の活力の源《みなもと》は、「1億総中流」とも言われた一体感でした。

多くの人が中流意識を持ち、幸福であると感じられる社会だったのです。しかし今、その一体感は崩壊《ほうかい》しています。何十億という給与を得る人がいる一方で、日々の暮《く》らしにも困るような最低賃金に甘《あま》んじる人もいる。普通のサラリーマンとその家族が貧困層に呑《の》み込まれる可能性も少なくないと言われています。

人口減少の問題も、未来に暗い影《かげ》を落としています。わが国の人口は2015年に初めて減少に転じ、2025年にピークを迎《むか》える東京都の人口もその後減少、2033年には全国の住戸《じゅうこ》の3戸に1戸が空《あ》き家《や》になり、2040年には現在の全自治体の約半数が消滅《しょうめつ》する恐れがある（消滅可能性都市）とされています（国立社会保障・人口問題研究所による推計）。

そうでなくても高齢化社会の先端《せんたん》を走ってきたわが国は、若年層《じゃくねん》の減少によって超高齢化が先鋭化《せんえいか》し、あと50年足《た》らずで現役世代1人が高齢者1人を支えなければならない極限《きょくげん》の時代が到来《とうらい》するのです。

私たちが今、向き合わなければならないのは、「最高」とはほど遠い、暗く重い現実です。

未来が希望を失うとき

これからの時代を担《にな》う若い世代はどうでしょうか。

2013年に実施《じっし》された、人生の幸福感に関する1つの調査があります（図1）。

「あなたが100歳まで生きるとしたら、何歳のときがもっとも幸せだったか」（電通こころラボ）

その年齢を答えてもらうアンケート調査です。自分の年齢よりも高い数字を言えば、「未来にもっといい時期がやってくる」と考えていることになり、年齢より小さい数字を言えば、「過去の方がよかった」と感じていることになります。

図1がその結果です。年齢が若くなるほど、未来――これから先のどこかに1番よい

何歳のときがもっとも幸せだったか

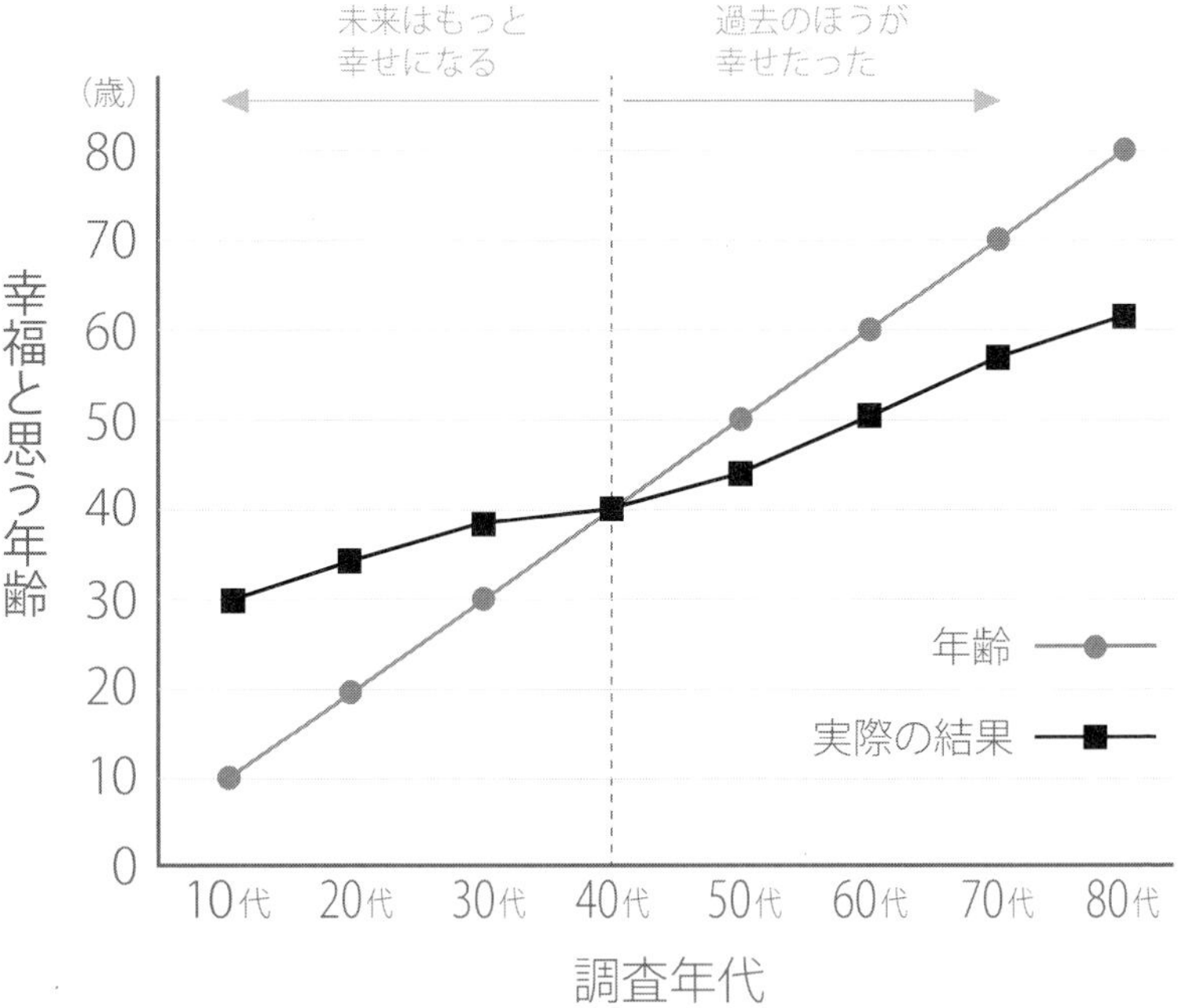

図1

ときが来ると感じている。逆に、年齢が高くなるにつれて、1番よいときは、過去になってゆく。

その未来と過去が交《まじ》わるのは、およそ40歳。多くの人は40歳になるまでは、「未来にもっとよいときが来る」と思い、40歳を過ぎると、「過去の方がよかった」と思い始める。つまり、40歳を超える頃《ころ》から、人々は未来に対する希望をもてなくなるということなのです。

しかし、どうでしょうか。希望を抱《いだ》いているはずの若者の状況は、必ずしもそうなっていないのです。

今、海外に留学するわが国の学生が減少していることに危機感を抱いている教育者は少なくありません。かつて、欧米の1流大学で世界最先端の学問を学ぼうとする学生は跡《あと》を絶《た》ちませんでした。ところが近年、そうした留学生が激減《げきげん》している。「社会のために新しい学問を身につけて貢献《こうけん》したい」という高い志《こころざし》をもつ学生がめっきり少なくなっているのです。

実際、こんな調査もあります。

新たに社会人となって働き始めた新入社員が、「働くこと」に対してどんな価値観をもっているのかという調査（２０１８年、日本生産性本部他による）では、「働き方は人並《な》みで十分」（61・1％）、「好んで苦労することはない」（34・1％）と答えた人の割合が１９６９年の調査開始以来、過去最高を記録したといいます。

それも、若い人々が、未来に対する強い希望を抱けなくなっていることの現れなのではないでしょうか。それどころか、先に触《ふ》れた収入の格差《かくさ》によって、結婚を望むことすら困難な若者もいるのです。

希望、夢、志、願い……あふれる情熱や意欲の爆発《ばくはつ》を伴《ともな》う若い世代の特質が、真《ま》っ先に失われ始めている――。わが国の将来はいったいどうなってしまうのでしょう。

どうして「最高の人生」なのか

私たちの周囲にあるのは、暗く重い現実、黄昏《たそがれ》・退潮《たいちょう》を思わせる傾向《けいこう》ばかり――。

それなのに、どうして「最高の人生のつくり方」などと言えるのか。そもそも、そんなことを考えるべき時なのか。それは、あまりの現実無視か、脳天気《のうてんき》な主張としか思えないと言う人もいるでしょう。

けれども、決してそうではないのです。

見れば見るほど絶望的な状況にあるからこそ、私は「最高の人生」ということを思わずにはいられないのです。

なぜなら、希望など見出《みいだ》すことも困難な重荷《おもに》を背負う中から、すべてにNO《ノー》が突きつけられた身動き1つ取れない状況から、考えられないような輝《かがや》かしい人生を引き出して生きている多くの方たちと、私は出会ってきたからです。

実際、私は、これまでの著書の中で、それらの方々の人生に触《ふ》れてきました。そこに示されているのは、**たとえどれほど厳《きび》しい現実があっても、人間には、そこから驚くべき可能性に満ちた人生を生み出す力があるという真実です。**

たとえば、『未来は変えられる！』（三宝出版）の1章で紹介した広島県在住の主婦、大山敏恵《おおやまとしえ》さん。ある日、体調不良で突然意識を失い、駅のホームから転落。電車に轢《ひ》かれ、あわや失血死《しっけつし》かという状況の中、九死《きゅうし》に一生《いっしょう》を得たものの、左足を切断《せつだん》。以来、不自由な生活を余儀《よぎ》なくされました。その試練は、彼女にとって、人生のすべてを破壊《はかい》してしまうほどの衝撃《しょうげき》だったに違いありません。

しかし、すでに私と会って「魂の学」（50ページ参照）を実践《じっせん》していた大山さんは、その事態を「人生への呼びかけ」と受けとめます。「今まで自分は何度も呼びかけを受けてきたのに、それに本当には応《こた》えてこなかった。これは、新たな人生を生きなさいという促《うなが》しなんだ」と覚悟《かくご》。

もともと大山さんは、何かと自らを卑下《ひげ》し、引っ込み思案《じあん》で消極的な、いわばどこにでもいる普通の主婦に過ぎませんでした。ところが、この事件をきっかけに、その人生は大きく転換していったのです。

自ら進んで人に関わり、ものごとに積極的に取り組み、苦手《にがて》だった運動にも挑戦《ちょうせん》。何と障がい者の全国競技大会で活躍《かつやく》するようになり、金メダルまで取ってしまう新しい人生を切り開いたのです。

大山さんについて、ご家族は口を揃《そろ》えてこう言われています。

「外見は同じ人間ですが、中身はまったくの別人です」

その変貌《へんぼう》がどれほどのものであるかがわかるでしょう。

また、東日本大震災によって、突然、最愛の妻と仕事、多くの友人・知人を失い、奈《な》落《らく》の底に突き落とされた佐々木一義《かずよし》さん（『運命の逆転』三宝出版、プロローグで紹介）。行方不明《ゆくえふめい》の妻を捜《さが》して遺体安置所《いたいあんちしょ》を訪ね歩いた1カ月、「もう今日が最後」と思い定めた安置所で再会したとき、「なんだ、ここにいたのか……」と言って亡骸《なきがら》を抱《だ》きしめた佐々木さん――。

佐々木さんは、震災当日の夜、妻と連絡がつかず、絶望的になっていたとき、暗闇《くらやみ》の底から見上げた星々の光に、妻の魂の行方《ゆくえ》を直感しました。その直後のある集いで、私が、震災で亡くなった魂が夜空に上《のぼ》ってゆき、星々のように家族を見守っているとお話ししたとき、言葉にならない、見えないつながりの実在を確信しました。

もう1度、見えない妻とつながり、傷ついた世界とつながって、生きる希望を取り戻《もど》したのです。

佐々木さんは、壊滅的《かいめつてき》な被害を受けた地元の陸前高田《りくぜんたかた》のために、何かをせずにいられないと立ち上がり、被災直後から、自ら渋滞《じゅうたい》する交差点に立って交通整理を始めました。

さらに、その経験から、それまで興味も関心もなかった政治家を志《こころざ》すことになります。市議会議員選挙告示日の直前に出馬《しゅつば》を決意、友人たちの応援もあってトップ当選。佐々木さんは今、市民と共に日夜、地元のために尽《つ》くしています。

そして、生まれた直後の高熱の病のために聴力《ちょうりょく》を失い、以来、耳が聞こえない人生を歩んできた松橋英司《えいじ》さん（『運命の逆転』4章で紹介）。

障がい者への暗黙《あんもく》の差別と、「治るかもしれない」という叶《かな》わぬ期待の中で、人生に心を閉ざしかけました。「聞こえるようになれば、人生はすべてバラ色」という想いに振り回され、熱心に支えてくれた母親とも断絶《だんぜつ》――。

しかし、心優《やさ》しい奥様と共に「魂の学」に出会い、すべてを条件として使命を生きる人生を学び始めました。そして、いかなる人生の条件であろうと、それを逆転できる。それればかりか、その条件を抱《いだ》いたからこそ、より深く人生を生きる道があることを確信するに至《いた》るのです。

「耳が聞こえないということが不幸なのではない。そう思う心が不幸なのだ」

松橋さんは、その心境を抱いて、歯科技工士として働きながら、障がい者だからこそ応えることができるミッションを探し始めます。

あるとき、私が「松橋さんは、皆さんの前でお話をすることだってできますよ」と言うと、松橋さんは驚きを隠《かく》しませんでした。けれども、やがて各地で自らの人生について講演するようになったのです。

耳の聞こえない人が講演をする――。聴覚障がいを抱《かか》えた方々にとって、それがどれほどあり得ないことなのか。しかし、どんな挑戦もできることを身をもって示した松橋さんは、多くの方々に生きる勇気を与えています。

さらに、父親が経営する山形の郵便局で起きた悲劇を目《ま》の当たりにした折原清右衛門《おりはらせいうえもん》さん。家族のように親しかった局員たちが戦後の労働争議で豹変《ひょうへん》。仲間に裏切られ、絶望した父親は、首をつって自殺。その父の姿を発見し、自らが骸《むくろ》を下《お》ろすという凄《すさ》まじい経験をしたのが、若き折原さんでした。その人生は、まるで呪《のろ》いをかけられたかのように、忌《い》むべき事態が続いてゆきます。

折原さんの人生に暗い影を落としたのは、病という試練です。父親を追い詰《つ》めた人たちへの恨《うら》みと憎《にく》しみの中で、肉親を次々にがんで失ってゆきます。ようやく落ち着きを取り戻したと思ったとき、今度は自らががんに冒《おか》され、絶望の底に沈《しず》みました。まだ40歳でした。

けれども、その暗闇《くらやみ》の中で「魂の学」と出会い、人生の見方が180度変わってしまいます。

「これまでの試練は、すべて自らの魂の成長の糧《かて》だった」

晴れ晴《ば》れとした気持ちで人生を歩み直し、50歳で東京の港白金台《みなとしろかねだい》郵便局長に栄転。多くの人たちと信頼に満ちた関わりを結びました。

それからも折原さんは病とつき合い続け、7度もの手術を受けましたが、心の平安が揺《ゆ》らぐことはありませんでした。

そして晩年、病床《びょうしょう》にありながらも、ベッドの上で次々に訪れる知人の相談に乗って力になり、人生の終わりのとき、家族に囲まれながら、「俺《おれ》の人生に乾杯《かんぱい》してくれ！」と朗《ほが》らかに杯《さかずき》を掲《かか》げ、75年の人生を卒業していったのです。

見事なる人生

4人の人生を襲《おそ》ったもの――。それは、事故、災害、障がい、病気でした。これらは、誰《だれ》もがもっとも避《さ》けたい4大災厄《さいやく》と言っても過言《かごん》ではありません。これらに見舞《みま》われたら「人生最悪」――。きっとそう叫《さけ》びたくなるでしょう。

しかし、驚くべきことに、これらの方々は、「最悪」から「最高」の人生を引き出してしまったのです。いったい何が起こったのでしょうか。

私たちは「最高の人生」と聞くと、「現在の人生とは別の人生が、私たちの知らないどこかに存在している」と考えがちです。

今の私の人生はバツ。それをリセットして、別の人生に乗り換《か》える。

そうでもしなければ、「最高の人生」など生まれようがない――。

どこかで、そう思ってはいないでしょうか。

しかし、今、紹介した方々の「最高の人生」は、まったく違います。

彼らは、「それまで生きてきた人生」、そして「今ここにある人生」に深く根ざし、そこから大いなる挑戦《ちょうせん》に向かっていったのです。

この方々は、別の人生を探し当てたのではありません。

そうではなく、今ある人生の中に眠っている最高の可能性を結晶化《けっしょうか》させたのです。

1人ひとりが引き受けた人生の条件は、事故であり、災害であり、障がいであり、病気でした。それらの運命の引き受け方、転換のさせ方には、「そんな道があったのか!?」と、誰をも唸《うな》らせる驚きに満ちています。

その一方で、転換後の人生を知ったならば、「それ以外の形はなかっただろう」と深く納得《なっとく》せざるを得ない必然を抱《いだ》いているのです。それは、ただ見事と言うほかありません。

「マキシマ」を取り出した人たち

こうした生き方を見せられると、想定外のどんな試練を受けようとも、人生には、あたかもその人生が向かうべき完成図、青写真が備《そな》わっていたかのような印象をもちます。
彼らは、その「人生の青写真」にアクセスすることを許された人たちなのです。

青写真に行き着いたからこそ、取り出すことができる人生の力の源泉《げんせん》――。それは、「マキシマ」（maxima 最高を示す maximum の複数形）**とでも呼ぶべきものです。**

人生を最高の次元に飛翔《ひしょう》させる「マキシマ」――。先に紹介した方々は、人生に内在《ないざい》する「マキシマ」を取り出すことに成功したということなのです。

大山さんが取り出した「マキシマ」は、その人生に金メダルをもたらし、同じような境遇《きょうぐう》の中で絶望する人たちに勇気を与えました。

佐々木さんの人生の「マキシマ」は、彼を市議会議員という新しい仕事に向かわせ、多くの被災者に希望を与えました。

松橋さんの人生の「マキシマ」は、「聞こえない」という人生の呪縛《じゅばく》を解放し、多くの障がいを持つ方々の心に光を灯《とも》しました。

そして、折原さんの人生の「マキシマ」は、最悪の運命を逆転させて「最高の人生」をもたらし、人生の最後、「俺《おれ》の人生に乾杯《かんぱい》してくれ！」と語らせたのです。

「最高の人生」のつくり方

1つの人生から取り出される「マキシマ」は、その人生に、そしてその人が関わる多くの人生に、偉大《いだい》な力をもたらします。

「マキシマ」に触《ふ》れるとき、誰《だれ》もが、その魅力《みりょく》に心を躍《おど》らせ、その美しさに目を輝《かがや》かせ、その崇高《すうこう》さに畏怖《いふ》の念を抱《いだ》くのです。

「マキシマ」は、誰の人生にも内在《ないざい》しています。

しかし、ほとんどの人がその存在を知りません。

「マキシマ」は、誰もが自分の内から取り出すことができますが、実際にそのことに成功した人は、それほど多くないのです。

「マキシマ」は、どんなに高いお金を払ってでも買うことができませんが、それを手に入れるためには一切の資産を必要としません。

「マキシマ」を取り出すことは、たやすいことではありませんが、いったんそれを手にすれば、誰からも奪《うば》われることはないのです。

「マキシマ」は、不可思議《ふかしぎ》なものでありながら、実はあなたの身近にあるものです。

そして、「最高の人生のつくり方」を知ることは、あなたの人生から「マキシマ」を**取り出す術《すべ》を学ぶことにほかならないのです。**

グレートカオスの秘密——「最高の人生」へのスイッチ

私が本書で提案するのは、まさにその術《すべ》——あなたの人生から、「マキシマ」を取り出す方法です。

そのために知らなければならないのは、人生を大きく左右する分岐点《ぶんきてん》に現れる「グレートカオス」——形もなく結果も出ていない巨大な混沌《カオス》です。先に紹介した4名の方々が背負った事故、災害、障がい、病は、まさにグレートカオスだったということです。

たとえば、大山さんにとって、あの列車事故は、その後の10年を一変《いっぺん》させてしまう転換点でした。それは、一歩間違えば、大きな口をあけて待ち構えている闇《やみ》の世界に彼女の人生を呼び込んでしまったでしょう。しかし、大山さんは、そこから光の世界への扉《とびら》を開き、その後の10年の人生を築《きず》きました。

グレートカオスには、それが訪れる「時」があります。その「時」は、人生を破滅《はめつ》させてしまうか、青写真に向かわせるかという決定的な分岐点になります。

先の４名の場合は、その人生で出会わざるを得なかった災厄《さいやく》がグレートカオスとして現れました。しかし、グレートカオスは災厄ばかりではありません。

ある人には、受験や就職、転居や異動《いどう》、昇進といった機会がグレートカオスとして現れます。また、ある人には、恩師《おんし》や伴侶《はんりょ》など、人との出会いがグレートカオスとして訪れるのです。

グレートカオスには、人生を左右するほどの強いエネルギーが渦巻《うずま》いています。

そこには、大きな可能性と同時に大きな制約が潜《ひそ》み、深い闇からまばゆい光に至《いた》るまでの無限の階調《かいちょう》が秘められています。

ごく表面的な選択《せんたく》から、時の流れによる変化過程や様々な相互関係を踏まえた選択、人智《じんち》を超える神意《しんい》に応《こた》えるような深遠《しんえん》な選択まで、グレートカオスは、無言のうちに「何を選択するのか」と私たちに問いかけてくるのです。

グレートカオスの中から最高の可能性——人生の「マキシマ」を引き出すためには、グレートカオスの「兆《きざ》し」を読まなければなりません。その「呼びかけ」を聴《き》かなければなりません。今までのやり方を繰《く》り返すのではだめなのです。

それには、「魂の学」が示す生き方——「魂・心・現実」という3つの次元で捉《とら》える

人間観、人生観、世界観が大きな力になってくれると私は信じています。

本書では、「魂の学」を携《たずさ》えて日々の生活や仕事に向き合う方々の実践《じっせん》を、できる限り多く取り上げました。誰《だれ》もが、「最高の人生」を生きることができる——そのことを知っていただきたかったからです。

そして、**とりわけ強調しておきたいことは、これらの実践の記録は事実そのままであり、一切《いっさい》の創作を加えていないということです。**

「魂の学」は、決して机上《きじょう》の空論《くうろん》ではありません。思い込みの生き方でもないのです。理論と実践が1つになった「魂の学」の生き方の卓越性《たくえつせい》は、本書でご紹介する方々のみならず、何百、何千という「市井《しせい》の実践者」が累々《るいるい》と積み重ねてきた多様な成果が実証しています。

同時に、「魂の学」は、様々な分野の第一線で活躍《かつやく》される方々からも大きな支持を頂いています。本書では、そうした方々のお声も紹介させていただきました。

この本を手にされたあなたが、人生の「青写真」にアクセスし、内なる「マキシマ」を引き出して、「最高の人生」に1歩でも近づかれることを願ってやみません。

1章

「心の座標軸」を取り戻す——「魂の学」の世界観

Chapter One

現代という虚構《きょこう》の中で
誰《だれ》もが気づかぬうちに
目に見えるものだけを信じている。
科学絶対の態度が唯物的《ゆいぶってき》世界観を助長し
ニヒリズムとエゴイズムを蔓延《まんえん》させている。
しかし、科学一神教《いっしんきょう》は「心の座標軸《ざひょうじく》」の半分しか使えない。
見えない力、見えないつながりを受けとめ
もう半分の「心の座標軸」を奪回《だっかい》するために
「魂の学」の世界観が必要なのである。

選択《せんたく》の連《つら》なりとして

私たちは、1日何回くらいの「選択」をしているでしょうか。

朝起きたのが時間ギリギリ。朝食を食べるか、抜くか。
雨が降りそう。傘《かさ》を持っていくか、持っていかないか。
向こうから苦手な上司が来た。挨拶《あいさつ》するか、避《さ》けて通るか。
お昼はそばか、定食か。
母から来たメール。返信するか、しないか。
夜の飲み会の誘《さそ》い。行くか、行かないか。
どうしても見たい夜のドラマ。仕事を切り上げて帰るか、がまんするか。
……

あなたの1日も、様々な選択に彩《いろど》られているでしょう。
1日、20の選択をするとすれば、1年で7300の選択。80年生きるとすれば、58万4000の選択。膨大《ぼうだい》な数にのぼります。

重要なことは、その選択の連なりこそが、あなたの人生をつくるという事実です。

選択とは、1つのドアを開《あ》けることです。

右のドアを開けるのか、左のドアを開けるのか――。

右のドアを開ければ、そこには右の現実が広がっています。

逆に、左のドアを開ければ、左の現実があります。

1度、右のドアを開けたら、もう左のドアを開けることはできません。

右のドアにつながる現実は現れても、左の現実は光が当たることもなく、闇《やみ》に消えてゆくのです。

1つを選ぶことは、それ以外を捨てること――。進学でも、就職でも、仕事でも、人間関係でも、結婚でも、子育てでも、常により良いものを1つ選び、あとは捨てる。誰もが、その繰《く》り返しの中で、できることなら「最高の人生」をつくりたいと願ってきたのです。

その結果はどうでしょう？

私たちは、必ずしも願った結果を手にしているわけではありません。

どちらを選択するのか？

思い通りには進まない。それどころか、いいと思って選んだ道が経済的な破綻《はたん》をもたらし、「やった!」と有頂天《うちょうてん》になった成功が奈落《ならく》の底に通じていた。「これで幸せになれる」と思って摑《つか》んだものがかえって災厄《さいやく》をもたらす——。

「こんなはずではなかった」

そうつぶやくことも、めずらしいことではありません。

より良い「選択」で、より良い人生をつくってきたはずだったのに、なぜそうならないのでしょう? 大いなる疑問です。

ここで考えるべきことは、その選択をしているのは、ほかでもない私たちの「心」であるということです。心のセンサーが、右が良いと示せば右、左を指し示せば左のドアを開いてしまうのです。

にもかかわらず、実は、私たちは、その自分の「心」の特性《とくせい》を正しく理解していないのです。

「マルかバツか」で大丈夫《だいじょうぶ》か

私たちの選択《せんたく》のほとんどは、「マルかバツか」の尺度《しゃくど》によるものです。

これはマル、これはバツ。これは良い、これはダメ……。

そうやって「より良い」と思われる選択を繰《く》り返してきたのです。

それは、本能的な感覚と言っても過言《かごん》ではありません。

人は生まれたとき、何もすることができません。立つことも歩くことも、話すこともできません。できるのは、「微笑《ほほえ》むか、泣くか」だけです。

心地よく、守られ、愛されていると感じれば微笑み、心地悪く、守られず、愛されていないと感じれば泣く。それは生きてゆくためにどうしても必要なことです。

その選択を決めるのが「快感原則《かいかんげんそく》」――。**「快感原則」とは、「快」を引き寄せ、「苦」を遠ざけるという法則で、人間が生まれながらに身につけている快苦《かいく》の感覚です。日々、絶《た》えずはたらき続けている感覚であり、人生における選択の土台です。**

問題は、「快感原則」が肉体的な感覚の尺度にとどまらないという点です。

私たちは、すべてのことがらを「快感原則」に当てはめるようになります。

あらゆる刺激、すべての事態を「快」のグループか「苦」のグループかに分けてレッテル貼《ば》りし、マル＝「快」のグループなら引き寄せ、バツ＝「苦」のグループなら遠ざける。それが私たちの「選択」の基準になってしまうのです（図2）。

マルかバツか

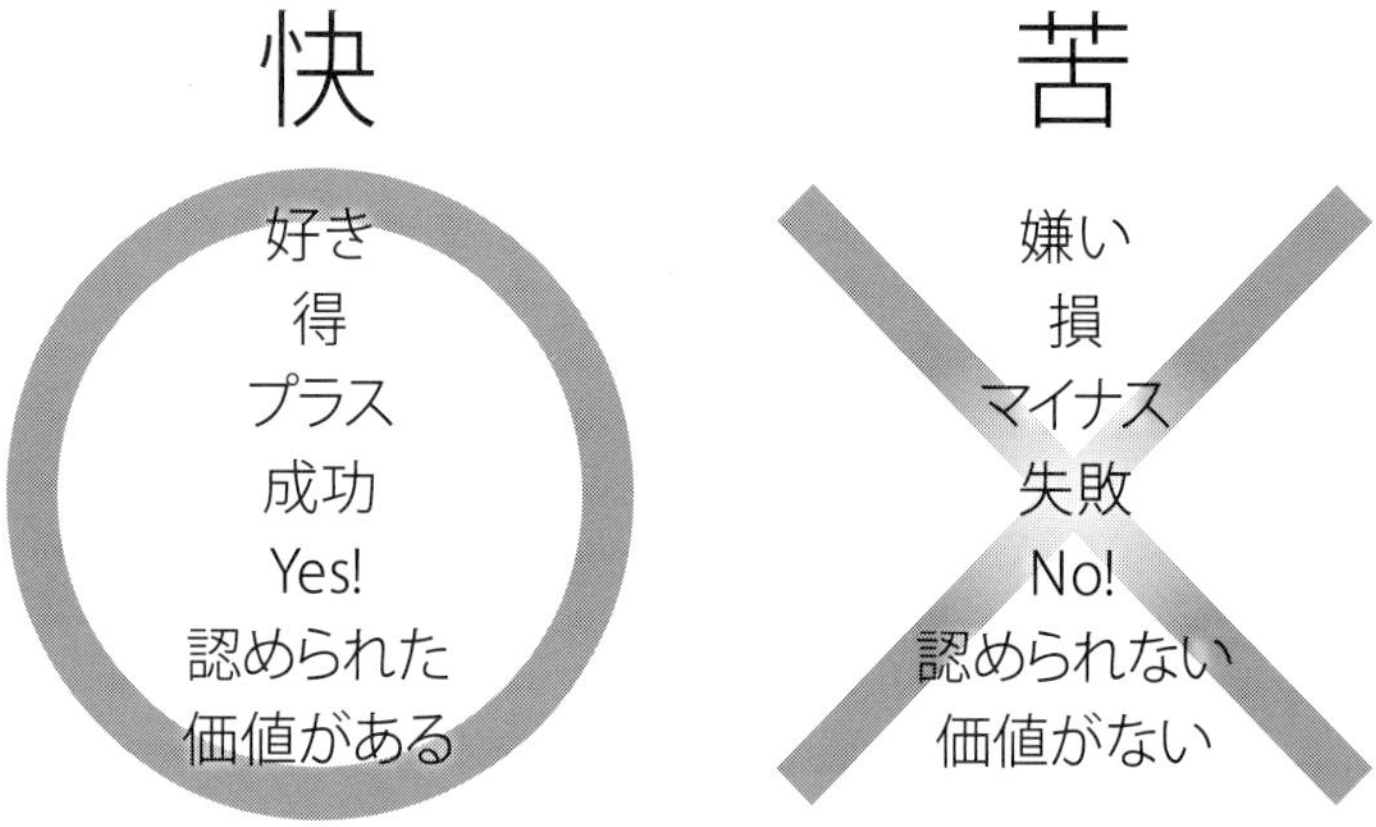
快
好き
得
プラス
成功
Yes!
認められた
価値がある
苦
嫌い
損
マイナス
失敗
No!
認められない
価値がない

図 2

心地良いか悪いか、得か損か、正しいか間違っているか、価値があるかないか、認められているかいないか……。私たちの「心」は、できるだけ素早く、現れたドアにレッテル貼りして、より良い方のドアを開けてゆきます。

どんなに複雑に見える事態でも、様々な関係が入り組んだ複雑な状況でも、私たちの尺度は「マルかバツか」――。

しかし、それで本当に「より良い」選択ができるのでしょうか。

考えてみてください。

面倒《めんどう》でもやるべきことがあり、大変でも続けなければならないことがあります。

逆に、心地良くても退《しりぞ》けなければならないことがあり、楽しくてもコントロールすべきことがあります。

厳《きび》しい道が「より良い」選択となり、楽な道が危険な選択となることは、決してめずらしいことではありません。つまり、「マルかバツか」だけで、「より良い」選択を生み出すことは至難《しなん》のことなのです。

半分だけの「心の座標軸《ざひょうじく》」

「心」が抱《かか》えている問題は、マルかバツかの尺度《しゃくど》だけではありません。

ここで私は、その根本《こんぽん》に横たわる問題について、皆さんと一緒に考えてみたいのです。

それは、この時代の中で、多くの人々が「見えるものしか信じない」傾向を強め、唯《ゆい》物的《ぶってき》な世界観で生きているということです。

そして、その唯物的な世界観によって、誰《だれ》もが、驚くほどニヒリズム（虚無《きょむ》主義）とエゴイズム（利己《りこ》主義）を強めてしまっているという現実です。

あなたは、その言葉に違和感《いわかん》を覚えるかもしれません。

「自分は、それほど唯物的じゃない」

でも、どうでしょうか。

私たちは、ごく自然に何かの価値をお金に換算《かんさん》します。多くの人が「目先のこと、お金のこと、自分のこと」ばかりに関心を注《そそ》ぐのは、まさに唯物的な世界観で生きている証拠《しょうこ》なのではないでしょうか。

その傾向を、結果的に増幅《ぞうふく》してきたのは、現代社会において、誰もが信頼を置く「科学」であり、それを信奉《しんぽう》する人々です。

ここ数世紀にわたる多大な業績によって、今や科学は唯一《ゆいいつ》の「真実」の審判者《しんぱんしゃ》となったかのようです。科学は絶対、科学は万能――。科学が認めないものは「真実」ではない。

科学は、すべての事象を物質の次元に還元《かんげん》して理解しようとします。人間もその営《いとな》みも、物質の次元に還元して考えられるという捉《とら》え方に、私たちは、無意識のうちに同意してしまっているのではないでしょうか。

近年の熱心なＡＩ《エーアイ》（人工知能）開発の中で、人間の脳の神経系のネットワークのすべてをスキャンしてコンピュータ上で再現することを考えている研究者がいます。「人間の脳も、実際に作動している物質的な機械であり、その構造をそのままコピーすれば、人間の脳とまったく同じ働きをする機械をつくることができるはずだ。物質の次元に還元できない魂の働きなどというものはあり得ない」というわけです。

近頃評判となった『サピエンス全史』（ユヴァル・ノア・ハラリ著）も、まさにそうした立場に立ったものです。この世界の客観的な真実は唯一、自然科学の「真実」であり、実は、人間が生み出してきた民主主義も、人権も、自由、平等もみな空想であり、虚構《きょこう》であると断言《だんげん》してしまうのです。

もし、科学を信奉するあまり、「見えるものしか信じない」生き方を選んでしまうなら、私たちは、「心の座標軸」の半分しか使えないことになってしまいます。

見えない力、見えないつながりを受けとめる、もう半分の「心の座標軸」は存在しないことになってしまうのです。

見えるものだけしか存在しない世界

唯物的《ゆいぶってき》世界観とは、一言で言えば、世界のあらゆる存在は物質から成り立ち、すべての事象は物質的に説明できるというものです。

それが本当なら、世界はどれほど無味乾燥《むみかんそう》なものになってしまうでしょうか。

生命は遺伝子《いでんし》に基《もと》づく物質的現象であり、心は脳細胞の活動に過ぎず、人生の中で起こるすべての出会いや出来事も、物質とエネルギーの相互《そうご》作用によって偶然《ぐうぜん》に生じる現象に過ぎません。私たちが人間として生まれたことも、今ここで生きていることも、すべては偶然の産物。今、目の前にしている現実もたまたま起こったこと。

つまり、私たちは偶然を生きている存在であり、目の前に広がる世界も単なる物質的なもので、機械的・無機的で冷たく、私たちとは切り離《はな》されたものになってしまいます。

その結果、多くの人は、無意識にも「心の力なんて……」という無力感を抱《いだ》いているはずです。

人間が歴史の歩みを通じて生み出してきた自由、平等、人権、民主主義などの精神的な価値や秩序《ちつじょ》も、偶然の積み重なりの中の空想によって生まれてきたもので、大《たい》した意味などなくなってしまうのです。

そうなれば、私たちは、強いニヒリズム（虚無《きょむ》主義）を抱《かか》えざるを得ません。

人生で、どうしても果《は》たさなければならないこともなく、逆に、してはいけないこともない。何をしてもいいいし、何もしなくてもいい。確かなものなど何もない。

そんな意味希薄《きはく》な人生を、私たちは生きることになってしまいます。

そのとき、改めて猛威《もうい》を振《ふ》るうのは「快感原則」です。

何もつながりがなく、確かなものがなければ、快苦の感覚以上に私たちを動かすものはありません。それ以上に確かな実感を与えてくれるものはないからです。

法律さえ犯《おか》さなければ、何をしようが自分の勝手。したいことをするのは個人の権利だ――となってしまいます。

エゴイズム（利己《りこ》主義）が幅を利《き》かせるばかりです。

実際、今の時代・社会は、まさにそのような風潮《ふうちょう》に覆《おお》われているのではないでしょうか。

本当の科学からの呼びかけ

心ある科学者たちは、科学にだけ、特別な審判者《しんぱんしゃ》の立場を与えることはできないことに気づき始めています。

そもそも、絶対の「科学」が存在したことは人類史上ありません。

ある時代の真実は、次の時代には否定され、そこに新たな真実が生まれます。ある時代の「絶対的真理」は、後の時代の人たちから見れば、「勘違《かんちが》いの真実」でしかないのです。科学史を少し紐解《ひもと》けば、そこには常に発展途上の科学の歴史が刻《きざ》まれています。

科学は、常に反証《はんしょう》と修正のサイクルの中で発展してきました。

だからこそ、事実に対して謙虚《けんきょ》に接する――。私は、科学の優位性とは、この姿勢にこそあると思います。それは、ある時代の真実は常に発展途上のものに過ぎないという、科学の愚《おろ》かさの自覚、戒《いまし》め的態度にほかならないのです。

だとすれば、今、私たちが抱《いだ》いている現在の科学観が最終的な真理だと考えること自体が、科学的ではないことになってしまいます。

それは、本当の科学とは別物の「科学一神教《いっしんきょう》」です。

科学一神教こそ、実は、唯物的《ゆいぶってき》世界観を蔓延《まんえん》させた張本人《ちょうほんにん》――。


私たちは、そろそろ、そんな「科学一神教」が唱《とな》える「目に見えるものがすべて」という誤《あやま》った教えから目覚めるべき時を迎《むか》えているのではないでしょうか。


どう考えても、それは、「勘違いの真実」でしかないからです。

それなのに、人類が到達《とうたつ》した「最終的な真理」だと、思い込んでいたとしたら……。

その「勘違いの真実」の空気を大量に吸い込んだ私たちの心です。そこでは、物質的な世界観によるニヒリズムとエゴイズムの病が猛威《もうい》を振《ふ》るっています。

現代人の心は、「マルかバツか」の快感原則による選択《せんたく》しかできないという病に冒《おか》されているのではないでしょうか。


本書がめざす「最高の人生」へのスタートラインに立つためには、まず、私たちの心をこの時代の病から救う必要があるのです。

もう1つの座標軸《ざひょうじく》の奪回《だっかい》――「魂の学」の世界観

そして、だからこそ、私は「魂の学」を提唱《ていしょう》してきたのです。

「魂の学」とは、見える次元と見えない次元を1つにつないで人間の生き方を求めてゆく理論と実践《じっせん》の体系です。物質的な次元を扱《あつか》う科学を代表とする「現象《げんしょう》の学」に対して、物質的な次元と、それを超える、見えない「心」と「魂」の次元も合わせて包括的《ほうかつてき》に扱おうとするのが「魂の学」です。

それは、私自身の人間の探究と多くの方々の人生の歩みから見出《みいだ》された法則であり、「魂・心・現実」に対する全体的なまなざしによって、人間を見つめ、あらゆるものごとに応《こた》えてゆくことを願うものです。

「魂の学」が、その根底に置く人間観があります。

それは、第1に、人間の「心」は、「魂」と「肉体」の交差点に生まれるというものです（図3）。

人間の本質は、永遠の生命を抱《いだ》く「魂」の存在。「魂」とは、智慧《ちえ》持つ意志のエネルギーであり、過去世《かこぜ》、現世《げんせ》、来世《らいせ》を貫《つらぬ》く情報を抱いています。

「魂の学」を語る――1

犬《いぬ》竹《たけ》正《まさ》明《あき》さん
プラズマ科学
東北大学名誉教授

「魂の学」によって開かれる新しい科学の未来

「魂の学」では、“見えるもの（現象）”と“見えないもの（精神）”の両者をトータルに捉え、“人間は魂存在である”とします。銀河の回転や宇宙の膨張の説明には暗黒物質や暗黒エネルギーが必要ですが、その存在は未知のままです。魂の存在も、近代科学による長い研究の歴史にもかかわらず未知のままであり、現代科学では唯物的事象の研究がほとんどです。

しかし、多様な試練から人生の願いが引き出されることを文明論的視座から解き明かす「魂の学」の奥義には本当に感動します。

多くの科学者が1人の人間として「魂の学」に触れ、それを実体験すれば、新しい科学の未来が開けるでしょう。“現象と精神の融合”について語り合う若い科学者の出現を期待しています。

魂・心・肉体

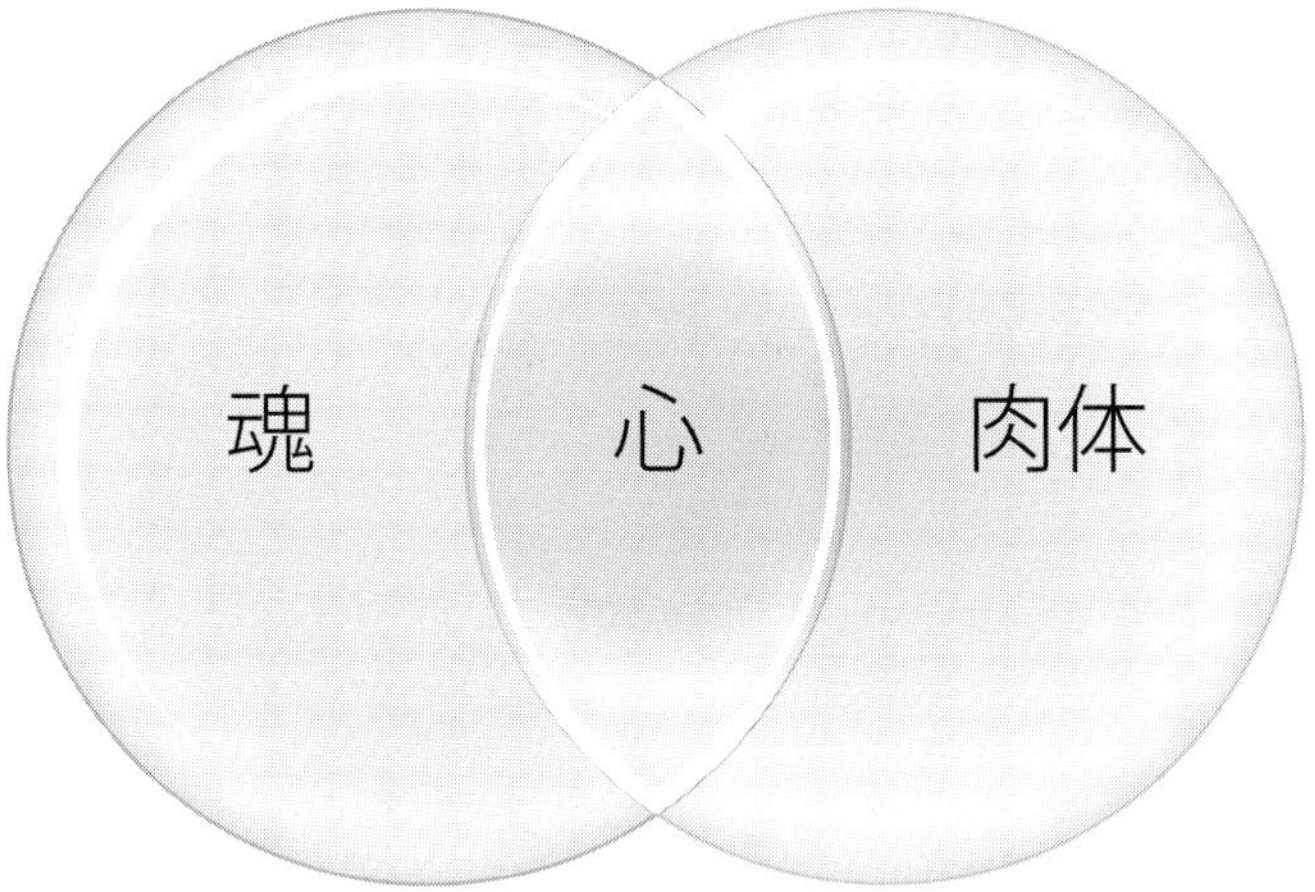

魂と肉体が出会うことで心が生まれてくる

図 3

すべての「魂」は、人生に「目的」と「願い」をもち、それを果《は》たそうと成長と進化の道のりを歩んでいるのです。

その「魂」が「肉体」と出会うことで生まれてくるのが、人生の舵《かじ》を取る私たちの「心」です。つまり、「心」には、「魂」と「肉体」から2つの流れが入り込むことになるのです。

「肉体」の流れとは、先に触《ふ》れた「快感原則」のことです。

一方、「魂」の流れは、人生の「目的」や「願い」をもたらし、日々を生きる「必然」を与えてくれるものです。

何のために生きているのか。何をめざして生きるのか。「魂」の答えがあるから、私たちは、つらくても苦しくても、心に貫くものを得ることができます。「快感原則」を超えることも可能になります。

つまり、一瞬一瞬《いっしゅんいっしゅん》の時は偶然《ぐうぜん》などではなく、深い意味をもつものになるのです。

それをさらに如実《にょじつ》に表しているのが、根底に置かれるもう1つの人間観――「魂・心・現実」の法則です（図4）。

これは、人間は、常《つね》に3つの次元を重層的《じゅうそうてき》に生きていることを示しています。

どんなに平凡な日常を送っていても、私たちは、「魂・心・現実」の次元を同時に生

魂・心・現実

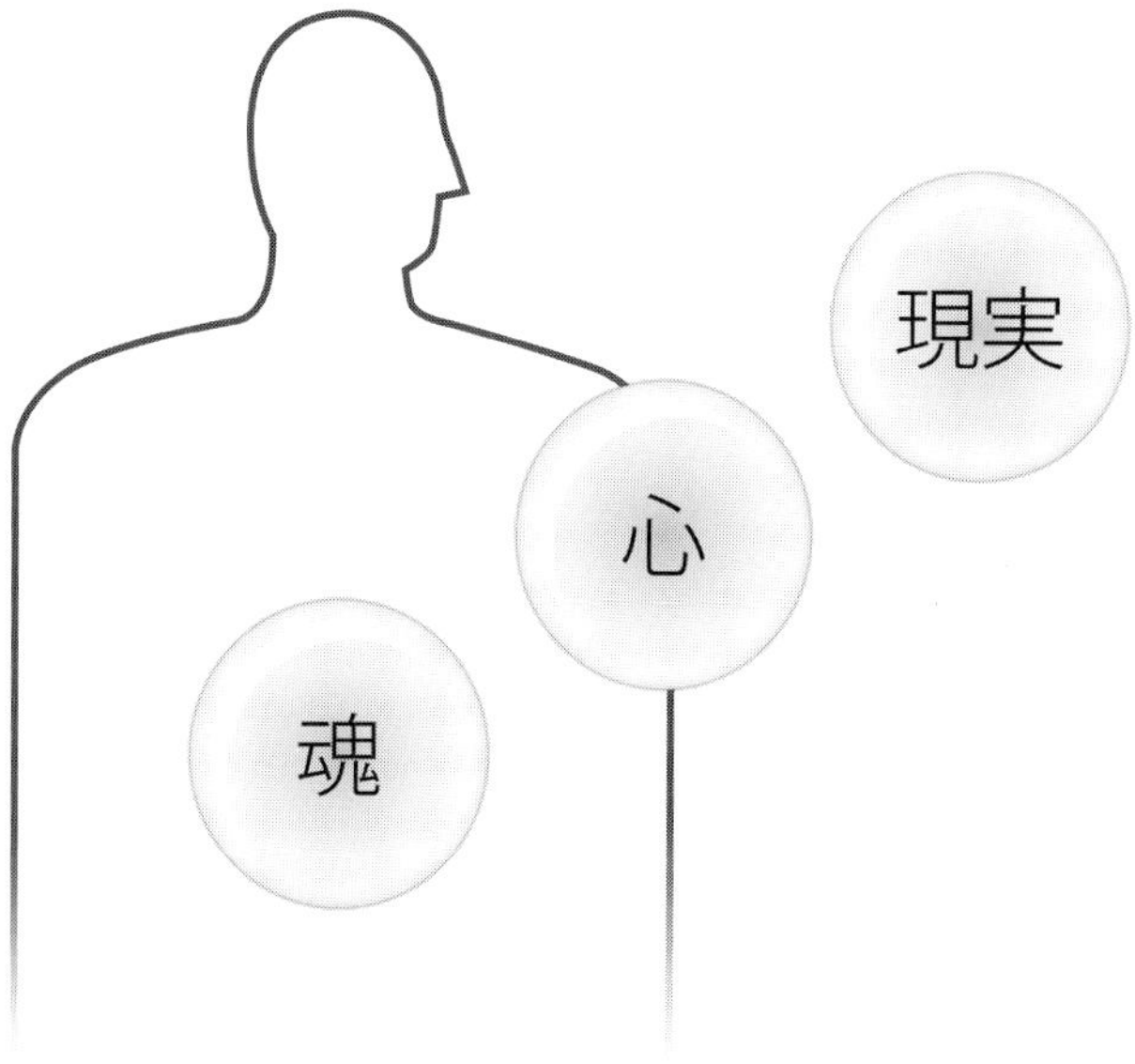

図 4

きています。

目の前の「現実」は、ただ偶然に現れたものではありません。

それは、「心」の反映であり、「魂」の問題を呼びかけています。すべての「現実」は「心・魂」とつながり、生涯《しょうがい》を貫く願いや人生のテーマと結びついているのです。

たとえ、その「現実」が経済的には価値がなくても、自分の業績や評価につながらないように見えても、その意味は変わることがありません。

そのようなまなざしが身につくと、遠ざけたいはずの試練や困難が、実は人生からの「呼びかけ」であることがわかってきます。つらいことや嫌《いや》なことの中にこそ、新たな人生の可能性が隠《かく》れていることが見えてきます。

人間関係も大きく変わってきます。それまでは好き嫌いに左右されていたのが、たとえ苦手な人、嫌いな人であっても、出会うには出会う理由があることが見えてきます。もっと上位の目的のために、出会い、関わる必要があることがわかってきます。そうすると、好き嫌いを超える気持ちで接することができるようになるのです。

魂の扉《とびら》を開く

空手家《からてか》の東恩納盛男《ひがおんなもりお》さんをご存じの方もいらっしゃるでしょう。

沖縄剛柔流《ごうじゅうりゅう》の指導者であり、沖縄県指定無形文化財保持者でもある東恩納さんは、かつて、日本武道館で開催された「世界空手道選手権」第1回大会において、同時に襲《おそ》いかかる4人もの強者《つわもの》を一瞬《いっしゅん》のうちに倒したというエピソードが今も伝説のように語り継《つ》がれている方です。

今、世界63カ国20数万人の弟子の頂点に立つ最高師範《しはん》として、真の空手道を伝えようと、各国で精力的に指導に当たっています。

東恩納師範は、長年にわたって、身体《からだ》の鍛錬《たんれん》のみならず、心の錬磨《れんま》も究《きわ》めてきた方です。いかなるときでも動じることのない心をつくってこられた師範――。

しかし、心身の次元を鍛《きた》え続けてきたものの、魂の次元については、真剣に向き合うことはありませんでした。

その東恩納さんが、ここ数年の間に、まさに、「魂・心・肉体」という自分、そして「魂・心・現実」という人生を実感されることになったのです。

「魂の学」を語る——2

保《やす》岡《おか》興《おき》治《はる》さん

法務大臣(2回)

裁判官弾劾裁判所裁判長等を歴任

世界は今、
「魂の学」を必要としている

「魂の学」は、人の本質を魂と捉えます。そして、その魂がつながり、広がって、地域・社会、国・世界が進歩し、人類発展のエネルギーとなってゆく。そこに参加する1人ひとりも、自らの使命に目覚めることができる——。まさに人間と世界の根幹に関わるもっとも大切な教えであり、私も心から深く共感しています。

私自身、高橋先生に「魂の学」を学ぶ中で、法律や政治において、また人生の生き方においても、多くの深い示唆を与えていただきました。そして、その「魂の学」によって、1人ひとりが自らのかけがえのない可能性を引き出し、響き合う中で、もっと素晴らしい日本が生まれ、世界に対しても新たな未来のヴィジョンを指し示す国になってゆけると確信しています。

国際沖縄剛柔流空手道連盟最高師範を務める東恩納盛男さん。世界63カ国20数万人の弟子を持ち、その頂点に立って各国で精力的に指導している。1991年には米国アーカンソー州でセミナーと大会を開催、当時のビル・クリントン知事より親善大使に任命された。また2005年にはロシアクレムリン宮殿100名の警備隊に空手道を指導、プーチン大統領より感謝状を授与されている。

2011年6月、東日本大震災での米軍の救助活動・トモダチ作戦に対して、日本側の謝意《しゃい》を表すために、高名な武道家たちによる演武《えんぶ》が米国の日本大使館で行われました。その帰り道のことです。

同行した武道家の方から拙著《せっちょ》『新・祈りのみち』（三宝出版）を贈呈《ぞうてい》され、飛行機の中で何気《なにげ》なく読んだとき、東恩納さんは衝撃《しょうげき》を受けたと言われます。

「ここには、心のすべてが書かれている。傲慢《ごうまん》になったとき、怒りが湧《わ》き上がったとき、悲しむとき――大切にすべきことも、克服《こくふく》すべきことも全部、記《しる》されている」

これまで求めても見出《みいだ》せなかった、武道の型《かた》に通じるような精神の成長の道がそこにあると感じられたのです。東恩納さんは、この本の実体に触《ふ》れたいと思われ、その後、横浜で開催された私の講演会に参加。終了後、お会いする機会を得ました。

そのとき私は、自分が感じた東恩納さんの心境とこれから向かうべき人生の歩みについて率直にお伝えさせていただいたのです。

「師範は、後を任《まか》せる人間も出てきたことだし、もうそろそろ引退してゆっくりしようかと考えられていますね」

東恩納さんは、目を見開かれ、大きく頷《うなず》かれました。それは、まだ周囲の誰《だれ》にも語ったことがなく、心に秘めていた想いだったのです。

「その通りです、先生」

「ですが、私には、師範のまだ果《は》たすべき使命が見えます。師範の魂は、それに応《こた》えたいと願われているように思います。それは、剛柔流にとっても、空手道にとっても大切なこと……」

その年に開催される大会は、とても大切な大会になること。空手を武道として守り、伝えてゆくためにどのような道のりが必要なのか……。初めての出会いでしたが、これからの人生の道について、空手道の将来について、まるで親しい知人のように、お話しすることになりました。

東恩納さんは驚くと同時に、これまで経験したことのない、世界と一体になったような安心感を覚えました。そして、新たな未来が開ける感覚を得たと言われているのです。

「これが魂のつながりというものかもしれない」

不思議なことに、それまで魂のことなど、1度も向き合ったことがなかったのに、その扉《とびら》が開かれ、そのことをずっと知っていたという実感がありました。

最後に、東恩納さんの健康に関して心配な点があることをお伝えし、イギリス、ロシア、フランス、米国、インド、モルドバ、南米諸国など、世界中を飛び回っている状況を少しセーブしていただくことをお願いし、お別れしました。

ここでの私の感覚について、少しお話ししておきましょう。

私は、幼少の頃から、体外離脱《たいがいりだつ》の体験や意識が覚醒《かくせい》する特別な体験を重ねる中で、相対《あいたい》する方の魂の声を受けとめたり、その魂の歩みに関わるヴィジョンをもたらされたりする感覚を与えられるようになりました。お会いしている方の「時」を感じる場合、それをお伝えさせていただくことがあるのです。

全人的《ぜんじんてき》に生きる力

心のもっと深いところに魂がある。人々と世界との確かなつながりがある――。

以来、「魂の学」の研鑽《けんさん》と実践《じっせん》を進めるほどに、東恩納《ひがおんな》さんは、自分に起こっている確かな変化を感じていました。

今までの感覚とは違う圧倒的《あっとうてき》な平安と自由なエネルギー。何よりも、人間と世界への信頼感がまったく変わってしまいました。

もともと、東恩納さんが空手を志《こころざ》したのは、「父親のように強くなりたい。本当の強

沖縄にある東恩納さんの道場を訪問した著者。世界の頂点に立つ最高師範として、身体と心の鍛錬を究めてきた東恩納さんだが、著者と出会って初めて魂の次元に真剣に目を向けることになった。

さを身につけたい」という想いからでした。

その裏には、自分の弱さを感じ、人を恐れる気持ちがあったのです。それを、厳《きび》しい稽古《けいこ》と鍛錬《たんれん》によって、乗り越えてきた東恩納さんでした。

人との関わり──特に言葉で何かを伝えることが苦手だったと東恩納さんご自身が言われるように、弟子の皆さんに対しても、「まず自分が型《かた》を示し、以心伝心《いしんでんしん》で、あとは後ろ姿で伝える」が基本でした。

ところがこの期間、東恩納さんは、弟子の皆さんと本当に親しく語らうようになり、空手の心と技《わざ》について、つい夜ふかしをして話し込むようになりました。

そして、その心境に至《いた》ってすぐ、長い間、関わりが途切《とぎ》れていた米国の別れた奥様、息子さんと再会し、その関係を修復《しゅうふく》されたのです。それから、息子さんとは連絡を取り合うようになったそうです。

また、病床《びょうしょう》の母親を見舞《みま》う様子も一変《いっぺん》してしまったと言われます。かつての東恩納さんは、人間は見たままの肉体が中心という意識でした。ですから、病で意思疎通《そつう》の難《むずか》しくなった母親に話しかけても意味はないと思っていました。

しかし、**人間は魂の存在であり、魂の絆《きずな》の実感を深めてきた東恩納さんは、肉体の奥**

に息づく魂を感じ、自然に母親に向かって語りかけるようになったのです。

東恩納さんが人間として抱《いだ》いている、いくつもの側面とチャンネル――武道家であり、弟子を導《みちび》く師であり、空手道を世界に広めようとする伝道者であり、1人の人間として、友人であり、かつての夫であり、父親であり、息子である……そのすべてにおいて、新たな力をもって生き始められたということです。

その全人的な力とともに、人間と世界に対する郷愁《きょうしゅう》が深まり、天衣無縫《てんいむほう》なお人柄《ひとがら》が一段とスケールアップされた東恩納師範《しはん》――。

そして、東恩納さんがめざしてきた、「闘わずして勝つ」という本当の強さ――。

その極意《ごくい》を今まさに体現《たいげん》されているのです。

一言で言えば、魂の実感、魂の感覚が、東恩納さんをその高みに引き上げた。

私はそう信じて疑いません。

多次元多《たじげんた》チャンネルに応《こた》える道

そんな東恩納《ひがおんな》さんを、病という試練が襲《おそ》います。

初めてお会いしたとき、最後に健康の心配についてお伝えし、その後、お会いするたびに、状況をお尋《たず》ねしていました。そして折に触《ふ》れて、お身体《からだ》に、手当てや気功《きこう》のようにして光のエネルギーを入れさせていただいていたのですが、無理が限界に達しました。

大きな変貌《へんぼう》を体験された直後の2014年の12月――。東恩納さんは、突然、大動脈《だいどうみゃく》解離《かいり》で倒れ、九死《きゅうし》に一生《いっしょう》を得る経験をされました。その中で、肉体生命にとどまらない、それを超える「いのち」の本質を体感されていたのです。

危急《ききゅう》の事態の中で、私にできることは限られていました。即座《そくざ》にトータルライフ医療（「魂の学」に基《もと》づく医療実践《じっせん》を志《こころざ》す医療者のグループ）の医師のチームをつくって、師《し》範《はん》を陰《かげ》ながらサポートする体制を整えると同時に、私が導布《どうふ》と呼んでいる祈りを刻印《こくいん》した布をすぐに送り、毎日、決まった時間に祈りの時を持たせていただきました。

その後、東恩納さんは1カ月以上、意識不明の状態に陥《おちい》るのですが、その直前に導布が届けられ、それを師範自らが認識されて、胸の上に置くことができました。意識不明の期間は、急性腎不全《じんふぜん》も発症《はっしょう》。人工呼吸、人工透析《じんこうとうせき》が始まり、危篤《きとく》状態となったのです。

緊迫《きんぱく》した日々が流れ、やがて主治医の先生や病院側の尽力《じんりょく》、そして米国から駆《か》けつけた元の奥様や息子さん、側近《そっきん》のお弟子さんたちの献身《けんしん》的な介護の甲斐《かい》もあって、当初、厳《きび》しい見通しもあった東恩納さんは一命を取り留《と》め、容態《ようだい》も安定するようになりました。

師範の病状が伝えられた全国の門弟《もんてい》の皆さんの祈り添《ぞ》えもあり、さらに驚《おどろ》くほどの回復力で無事退院の日を迎《むか》えることになったのです。

しばらくは行動の制限が必要でしたが、それも乗り越え、主治医も驚かれたことに、人工透析が必要なくなりました。

その後、東恩納さんは、2017年3月に沖縄空手会館落成《らくせい》式でお祝《いわ》いの演武《えんぶ》、9月には師範の呼びかけで5大流派の宗家《そうけ》が集まり、空手道のユネスコ登録に向けた第1回会議を開催、そして2018年3月には天皇皇后両陛下の御前《ごぜん》で演武を披露《ひろう》されるなど、以前にもましてお元気に活躍《かつやく》されています。

回復後、初めてお会いしたとき、東恩納さんは、「入院中、不思議なことに、ひどい痛みも恐れも感じることはなかった。常に祈りの光に包《つつ》まれていた」と語られたのです。

新たに感じ始めた世界との一体感に加え、その大きな安心感は、突然、危篤状態に陥った東恩納さんにとって、どれほどの力になったでしょうか。

それは、気持ちの面だけではありません。生命の回復の道のりに想像を超える影響を与えたと私は思っています。

先述のように、「魂の学」は、人間を「魂・心・肉体」で捉《とら》えます。つまり、「魂・心・

肉体」のつながりと私たちの生命活動は切っても切れない関係があり、「肉体」だけの物質的な生命観ではその全貌《ぜんぼう》を捉えることはできないということなのです。

医療という側面で見るとき、「肉体的な痛み」だけが重要なわけではありません。「精神的な痛み」、職場や地域、社会とのつながりの関係で生まれてくる「社会的な痛み」、そしてそれぞれの魂につながる存在理由や生きている意味に関わる「霊的な痛み」。人間には、こうした重層的《じゅうそうてき》な痛みがもたらされます。

逆に言えば、病やケガを治し、癒《い》やすということは、これらのいくつもの次元の痛みに応《こた》えること。それらの痛みに向き合い、それに応えることを通じて、人間が全人的《ぜんじんてき》に癒やされ、回復すること。さらに全人的に進化すること。そうでなければ、医療の青写真に達したとは言えないのではないか——。

「魂の学」に基《もと》づくトータルライフ医療は、患者それぞれの内にある自然治癒力《ちゆりょく》を中心に、まさにその4つの痛みに応えることをめざす医療として出発したものです。先端《せんたん》医療だけではなく、東西和合《わごう》の医療を推進《すいしん》、さらに対話や生活指導を大切にした実践を展開しています。

今、世界でもホリスティック医療（統合医療）と呼ばれる新たな医療の取り組みが行われています。人間を物質からなる肉体生命と捉える西洋医学のみならず、東洋医学のほか、様々な補完《ほかん》医療を包括的《ほうかつてき》に取り扱《あつか》うものです。

米国の国立補完統合衛生センター（補完医療の研究を行う政府機関）では、気功《きこう》やヒーリング・タッチ（手当て療法《りょうほう》）、マインドフルネス瞑想《めいそう》など、多くの補完医療の治療の有効性についての研究が進んでいるのです。

たとえば、「手当て」とは、文字通り患部に手を当てることで、掌《てのひら》からエネルギーを注《そそ》ぎ、回復の助力をするものです。お腹が痛くなったとき、自分で手を当て、落ち着いたという経験をした人は少なくないでしょう。

先に触《ふ》れた、東恩納さんに光のエネルギーを入れたというのは、まさにこの手当てや気功に通じるものです。自分自身に蓄《たくわ》えられた光のエネルギーを念じ、それを掌を通して相手の身体に入れて生命力を回復、増進させてゆく。あるいは、世界に遍在《へんざい》する光のエネルギーを、自分が管《くだ》のようになって、相手の方に注いでゆく。相手を想う菩提心《ぼだいしん》と心の統一、そして確かな手順が整えば、誰《だれ》もがそのエネルギー、生命力を実感することができます。

また、グーグルやアップル、ゴールドマン・サックスなど、多くの世界的企業にマインドフルネス瞑想が取り入れられていることも偶然《ぐうぜん》ではないでしょう。私たちの生命活動、そして生産活動も、人間を物質的に捉えるだけでは限界があるということです。
私たち人間は、人々が考える以上に、多くの次元、多くのチャンネルをもつ存在なのです。

つながりの世界

私がお伝えしたいことは、「魂の学」は、単なる理論ではないということです。先に触《ふ》れたように、「魂の学」は、私自身が人生の中で出会ってきた何万人という方々を通じての人間の探求と、万に及ぶ「魂の学」の実践者《じっせんしゃ》を通じて確かめてきた、人間と世界に関する法則の体系です。

「魂・心・肉体」と「魂・心・現実」のつながり――。このまなざしを心に置き、内なる中心を確かにして日々を生きるだけでも、あなたと世界の関係は大きく変化するはずです。

何よりも重要なことは、「魂の学」が映《うつ》す世界の姿は、唯物的《ゆいぶってき》世界観のそれとはまったく異《こと》なるということです。

「魂の学」では、人は決して「孤独な存在」ではありません。

宇宙と人間は、その構成物質《エレメント》がまったく同じであるというだけではなく、「生命」「心」「魂」の次元を貫《つらぬ》き、縦横無尽《じゅうおうむじん》に張り巡《めぐ》らされた「つながり」と私たちは1つになっています。

「物質」の世界は、原子から分子、そして様々な物質へと、部分と全体の関係を繰《く》り返しながら広がっています。

「生命」の世界は、それを吸収するように分子、細胞、組織、器官、器官系によって部分と全体の関係を保ち、精緻《せいち》なシステムをつくっています。その中の細胞1つとっても、まさにそれは小宇宙であり、全体は外宇宙にも匹敵《ひってき》する複雑な調和と秩序《ちつじょ》の体系を織《お》りなしているのです。

さらに「心」の次元は、そうした「生命」を包括《ほうかつ》したエネルギーの世界です。

そして、「魂」の次元は、「心」の奥に広大な領域《りょういき》を得て、世界の根源《こんげん》とつながっているのです。

その「つながり」を見出《みいだ》すとき、私たちは「無機的《むきてき》な世界」から解放されます。私は、この体験を「ユニバース体験」と呼んでいます。世界の本当の姿——ユニバースを知る体験だからです（詳しくは81ページ参照）。

この「物質」「生命」「心」「魂」を貫《つらぬ》く「つながり」の総体こそ、私たち人間が神、宇宙意識、大いなる存在、サムシンググレートと呼んできたものでもあります。

「魂の学」を知り、それを実践してきた人は、唯物的な世界観から、ホリスティック（全体的）な世界観に変わります。つまり、「心の座標軸《ざひょうじく》」が変わってしまうのです。

すべては感動から始まった

松任谷由実《まつとうやゆみ》、ケツメイシ、森山直太朗《もりやまなおたろう》など、多くのアーティストのコンサートを企画制作する株式会社ハンズオン・エンタテインメントの社長、菊地哲榮《きくちあきひで》さん——。

菊地さんもまた、見えない「つながり」を発見し、「心の座標軸《ざひょうじく》」の転換によって、人生を大きく変えたお1人です。

菊地さんが芸能界に入ったきっかけは、大学時代の忘れることのできない感動体験でした。

早稲田《わせだ》大学に入学して、応援部に入った菊地さんは、4年生のときに代表委員主務《しゅむ》になります。ちょうど、東京で学生のオリンピック、1967年夏季ユニバーシアードが開かれたときです。

「来日する世界各国の学生アスリートを早稲田大学に招き、文化交流の場をつくろう！」と企画します。

しかし、そのためには資金が必要です。菊地さんは、前年に行った1万人のコンサートを再度企画。第1部はアスリートの集い、第2部は早稲田のOB会、第3部で当時ヒット曲を連発していた伊東ゆかりさんのコンサートという構成でした。

チケットはまたたく間《ま》に完売し、当日、早稲田大学記念会堂は超満員となりました。いよいよメインの第3部。ところが、ショーが始まって照明をつけた瞬間、何と停電になってしまったのです。

すぐに復旧《ふっきゅう》すると思っていたのに、一向《いっこう》に回復しません。

ゆかりさんもバンドも、楽屋に引き上げてしまいました。

このまま終わりにはできない――。次第《しだい》に焦《あせ》ってきた菊地さんは、思わず、応援部で使っていた拡声器《かくせいき》つきメガホンを持って、マネージャーにお願いします。

「すみませんが、これで歌ってもらえませんか」

「えっ？　誰《だれ》だと思ってるんだ。いいかげんにしろ！」

怒鳴《どな》られましたが、バンドのリーダーのチャーリー石黒《いしぐろ》さんが間に入ってくれて、「2、3曲歌ってあげれば」と説得《せっとく》してくれたのです。

真《ま》っ暗な中、緑の非常灯のかすかな光の下で、ゆかりさんが歌い出します。

菊地さんは、確認のために会場の1番後ろにいました。

会場にいる聴衆《ちょうしゅう》も状況を察知《さっち》し、物音1つ、咳《せき》1つありません。皆の気持ちが1つにつながり、シーンと静まりかえる中で、歌声が聞こえてきたのです。

菊地さんは、言葉にならないほど感動しました。涙があふれて止まりませんでした。

そして、ゆかりさんが3曲目を歌い出したとき、照明が復旧したのです。

一瞬《いっしゅん》にステージと会場を包み込む7色の光——。

何という劇的な展開でしょう。場内はものすごく盛り上がりました。

こんなことは、やろうと思ってできる演出ではありません。

「エンタテインメントは素晴らしい!」

菊地さんにとって、その感動がすべての始まりとなったのです。

「それってどんなメリットあるの？」

大学を卒業した菊地《きくち》さんは、あの感動を追い求めて大手の芸能プロダクションに就職します。

最初の仕事は、新人の売り込みでした。テレビ局を回って、関係者に新人のレコード盤を聞いてもらうことをお願いするのです。しかし、各局のディレクターに冷たくあしらわれてしまいます。頭を下げ、一生懸命《いっしょうけんめい》お願いしてレコードを渡しても、「あっ、そう」と言われ、目の前でゴミ箱にポイッ……。

しかし、その菊地さんが人気のグループだった「ザ・タイガース」を担当することになると、様子《ようす》は一変《いっぺん》します。どの局の関係者も、手の平を返すように、「菊地さん、菊地さん」と呼んで厚遇《こうぐう》したのです。

そして、当時、アイドルの走りだった天地真理《あまちまり》さんを担当すると、天下を取ったかのようになりました。何でも思い通りに動かすことができる――。

菊地さんは、飛ぶ鳥を落とす勢いで、多大な影響力を持つようになります。

菊地さんを取材したある雑誌の記事のタイトルは、「傲慢《ごうまん》、勝手。それで文句あるか！」。

3つの「ち」

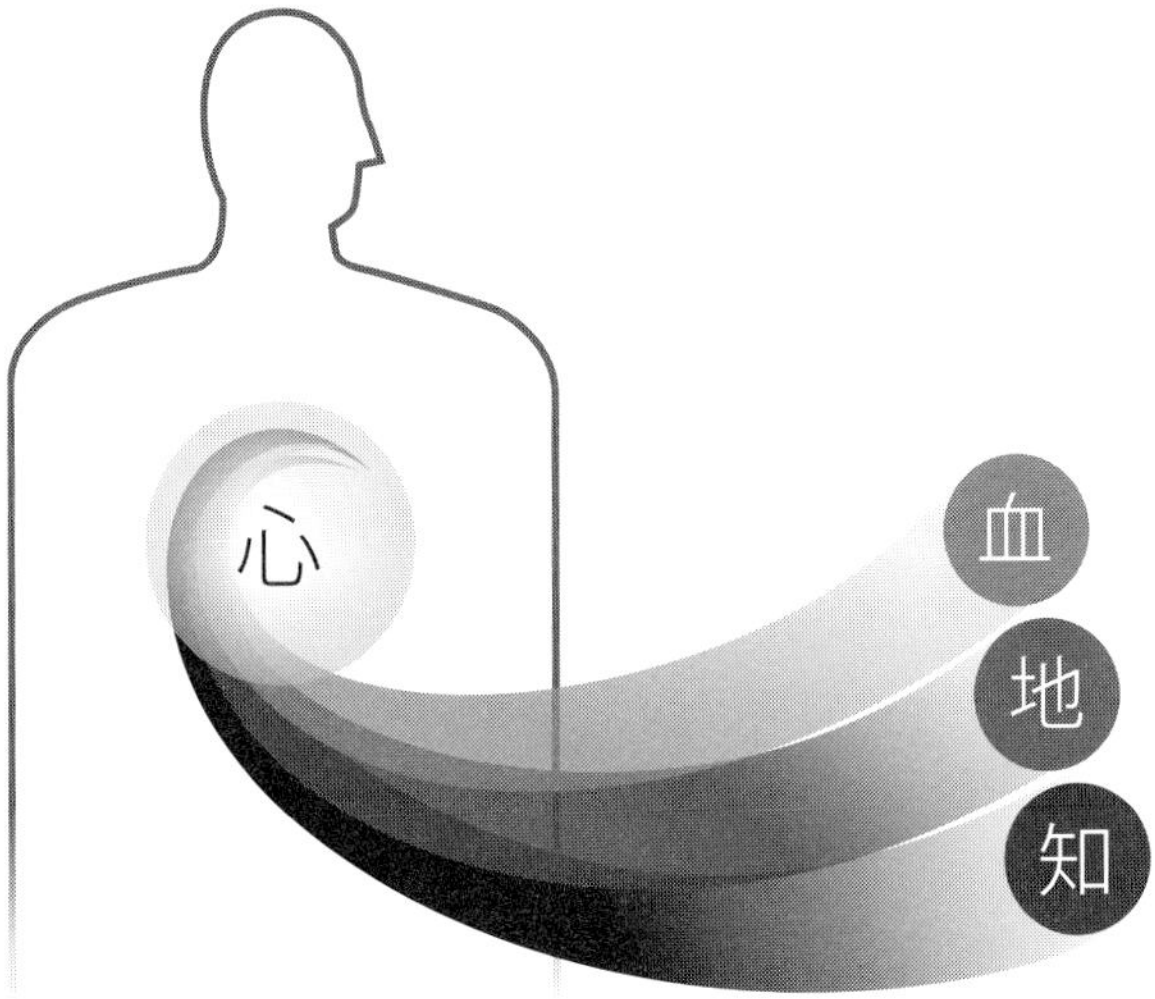

血：両親・家族から流れ込む価値観や生き方
地：地域・業界から流れ込む慣習や前提
知：時代・社会から流れ込む常識や価値観

図 5

めったに売れる人は出てこない。たまに売れたときには、そのくらいわがままにさせてほしい。そんな気持ちもあったと言います。

世の中は結局、力と金。そういった業界の流れに巻き込まれるように、菊地さんは、どんどん手応《てごた》えに呑《の》み込まれていったのです。

私たちが身を置く場所――それが地域であれ、職場であれ、業界であれ、そこには暗《あん》黙《もく》の前提《ぜんてい》、常識、価値観、そして生き方があります。

そこで生きていれば、知らず知らずにその場の空気に深く染《そ》まってゆきます。

それを私は、人間がその人生で必ず引き受けることになる3つの「ち」（血・地・知）と呼んできました（図5）。

「血」は、両親や家族から流れ込む価値観や生き方。「地」は、地域や業界から流れ込む慣習《かんしゅう》や前提。そして、「知」は、時代・社会から流れ込む常識や知識、価値観。

それらは、無自覚のうちに心に流れ込み、たとえ他人《たにん》の言葉や想いであっても、まるで初めから自分のものだったように動き出すのです。

芸能界もそうした3つの「ち」の1つ（「地」）であり、その影響の中で菊地さんは、あのみずみずしい感動体験を忘れがちになってしまったのです。

当時の菊地さんの口癖《くちぐせ》がありました。

「それってどんなメリットあるの？」「人間関係はギブアンドテイク」

菊地さんは、当時を振り返って、「ギブアンドテイク」を通り越して、ひたすら自分の利益だけを求める「テイクアンドテイク」だったと言っています。

メリットのありなし、ギブアンドテイクによる人間関係の基《もとい》にあるもの――。

それは、快感原則による契約《けいやく》です。快を与えてくれる人には快で返しましょう。快を与えてくれない人とは契約はできません。それが、菊地さんの「どんなメリットあるの？」という言葉の背後にあった想いでした。

菊地さんは、意識することもなく、世の中の物質的な世界観の流れに巻き込まれ、唯《ゆい》物的《ぶってき》な生き方に傾《かたむ》いていたということです。

人生の呼びかけに立ち止まる

しかし、そんな菊地《きくち》さんに試練が訪《おとず》れます。

幼い長男の哲朗《てつろう》君が、難病の再生《さいせい》不良性貧血《ふりょうせいひんけつ》を発症《はっしょう》し、重篤《じゅうとく》な状態が続いたのです。

当時はこれと言った治療法がなく、延命《えんめい》のためには、とにかく必要なときに新鮮《しんせん》な血液を輸血する必要がありました。

それからというもの、菊地さんは、「命のリスト」をいつも肌身《はだみ》離さず持ち歩くようになります。そこには、哲朗君と同じ血液型の友人、知人、さらに知人の知人、会ったこともない方々の電話番号が並んでいました。

必要になると、菊地さんは順番にその番号に電話をかけて、輸血への協力をお願いしたのです。ときには真夜中に電話することもありました。

携帯電話もメールもない時代です。突然、よく知らない人から電話がかかり、輸血のお願いをされる。普通に考えれば、「迷惑《めいわく》なこと」でしかないかもしれません。しかし、驚くべきことに、断る人はほとんどいませんでした。それどころか、皆が快《こころよ》く応《こた》えてくれたのです。

輸血を提供する方々にとっては、何のメリットもないはずです。むしろ、時間を取られ、自由を拘束《こうそく》される。普通に考えれば、デメリットでしかありません。

人一倍メリットに敏感《びんかん》だった菊地さんが、そのことに気づかないはずはありません。だからこそ、見も知らぬ自分たちのために輸血をしてくれた方々に、菊地さんはわずかでもお礼を渡そうとしました。しかし、それを受け取る人はほとんどいなかったのです。

見えないが確かにあるつながり

残念ながら、哲朗君《てつろう》は半年間の闘病後《とうびょうご》、あの世に旅立ってゆきました。まだ幼い子どもの未来が絶《た》たれてしまう——。それは、本当につらく悲しい出来事です。哲朗君が亡くなって、病院から家に着くまでの2時間、菊地《きくち》さんは車中でずっと冷たくなった哲朗君を抱《だ》き、泣きながら家まで帰りました。決して忘れることができない、悲しい思い出です。

しかし、同時に、哲朗君の死は、菊地さんの人生への切実な呼びかけとなったのです。

「お父さん。その考えは本当にお父さんのものなの？」

そうメッセージを残していってくれたようでした。

菊地さんを突き動かしてきた「メリット」。何がなくてもそれだけは確保《かくほ》しなければならないものでした。しかし、息子のために動いてくれた人たちは、そんな「メリット」には目もくれなかった。何の見返りがなくても応《こた》えてくれた。

いったい、あの人たちを動かしたものは、何だったのか——。

そこには、目には見えない、確かな「つながり」がありました。

それは、本当に特別なかけがえのないものです。

菊地さんは、言葉にならずとも、それを感じ取ったのです。

そしてそれは、かつて菊地さんを心の底から動かしたものでした。

あの学生時代のコンサートのとき、絶体絶命の暗闇《くらやみ》の中で聞こえてきた歌声。

そして、息を呑《の》んでその歌に耳を傾《かたむ》け、一体になった聴衆《ちょうしゅう》のつながり――。

あのときの何とも言えない感覚が心に蘇《よみがえ》りました。

長男のために応えてくれた人々が見せてくれた「つながり」の体験は、菊地さんに大きな転換をもたらすことになったのです。

菊地さんも、芸能界という世界の中で、数多くの「勘違《かんちが》い」を真面目《まじめ》に心に吸い込んできたのではないでしょうか。その勘違いの最たるものが、メリットによる契約、人間関係はギブアンドテイクという思い込みでした。

その結果、目に見えるものだけを頼《たよ》りに、「心の座標軸《ざひょうじく》」の半分しか使うことができないまま、人生を歩んできたのです。もし菊地さんが、そのまま人生を歩んでいったとしたら――。これからお話しする後半の人生の物語は、決して生まれることはなかったでしょう。

最愛の息子を失うという深い悲しみは、菊地さんの人生を幾多《いくた》の「勘違い」から解《と》き放《はな》つことになりました。そして、その人生の道は、「最高の人生」への階段へ向かい始めるのです。

人生に現れるユニバース体験

世界に張り巡《めぐ》らされた、見えない「つながり」を体験することは、私たちの生き方を根底から変えるとともに、世界の本当の姿を教えてくれます。

その体験を、私は「ユニバース体験」と呼んでいます。

それは、私たちの心が、ニヒリズムやエゴイズムといった病から解放され、その本来のいのちを蘇《よみがえ》らせてゆく途上《とじょう》に現れます。

典型的《てんけいてき》なユニバース体験は、砂漠で神との交感《こうかん》の時を過ごしたイエス、室戸岬《むろとみさき》で明星《みょうじょう》と一体になった空海《くうかい》など、宗教家の悟《さと》りの体験です。また、宇宙飛行士が青い地球を眺《なが》め見たときに「自分は宇宙の一部なのだ」と深く感じた体験もそうでしょう。

しかし、ユニバース体験はそれだけではありません。

日常の中でも起こるのです。今まで自分が知っていた世界が割れて、その中から、それまでとは違う新しい世界（ユニバース）が生まれてくるのに立ち会うような体験です。

たとえば、求めてもわからなかった疑問への解答が、一瞬《いっしゅん》にして与えられる。

それまで当然だった前提《ぜんてい》に違和感《いわかん》が生まれ、自分が進むべき道が示される。

自分ではどうすることもできなかったこだわり、恨《うら》みや憎《にく》しみがすべて氷解《ひょうかい》してしまう。

また、今まで大切にしてきたものが大切でなくなり、大切でなかったものが大切になって、人生や価値観が一変《いっぺん》してしまう。

あるいは、自分が何のために生まれ、生きてきたのか、自らの存在理由がわかってしまうような体験――。

重要なことは、私たちが身を置いているこの世界と自分自身がいかに強く結びついているかを、言葉にならない次元で感じるということです。

そのとき私たちは、重層的《じゅうそうてき》に張り巡《めぐ》らされた世界の「つながり」を実感し、自分がその一部であることを体験するのです。

それは、先に述べたように、今までの世界の中から、新しい世界が生まれてくるような体験です。もちろん、菊地《きくち》さんが感じた「つながり」の体験も、ユニバース体験にほかなりません。だからこそ、その体験は菊地さんの人生に大きな分岐点《ぶんきてん》を与えることになったのです。

新しい出発——3つの「ち」に対する挑戦《ちょうせん》

その後、菊地《きくち》さんは、芸能プロダクションを退社し、現在の会社の社長を始めることになります。会社は順調なスタートを切ったものの、いつしか菊地さんは、虚《むな》しさを感じるようになりました。「何か違う」「このままでいいのだろうか」……。

内なる疼《うず》きに導《みちび》かれるようにして出会ったのが、「魂の学」でした。菊地さんは、これは自分が求めていた生き方だと直感し、研鑽《けんさん》と実践《じっせん》の歩みを始めます。

そして、「魂の学」から吸収した生き方を土台として、自身の会社を育ててきたのです。

会社の理念は、「感動で、夢と希望あふれる新しい未来を創《つく》ります」。

菊地さんは、「感動」という心の輝《かがや》きを、本当の意味で会社の軸《じく》にしてゆきたいという気持ちをさらに強めてゆきました。

しかしそこには、菊地さんがどうしても避《さ》けて通ることのできないハードルがありました。それは、時代と業界から吸い込んだ3つの「ち」——「人間関係はメリット次《し》

講演の中で菊地さんをステージに呼び、共にその人生の歩みをたどってゆく。かつて「傲慢、勝手。それで文句あるか!」と豪語していた菊地さんは、幼い長男の死によって、それまで想像もしなかった人とのつながりのかけがえのなさに目覚めていった。

第《だい》」「世の中は結局、力と金」という考え方を転換してゆくということでした。

そのためには、いくつもの挑戦が必要でした。

その1つが興行《こうぎょう》のあり方に対する挑戦です。スポーツや音楽など、1つの場所に多数の人を集めて行うイベントでは、無事に進行させるために様々な妨害行為《ぼうがいこうい》を予《あらかじ》め取り除《のぞ》く狙《ねら》いもあり、にらみの利《き》く反社会的勢力との接点が生まれやすいものでした。

菊地さんの会社は、そうした、かつての興行のやり方とは一線を画《かく》す形でコンサートを進めた先駆《が》け的な会社になったのです。

また、芸能界や音楽業界という「地《ち》」（76ページ参照）が抱《かか》える薬物問題に対しても、会社を通じ、会社を超えて、菊地さんは積極的に取り組まれてきました。

芸能人やミュージシャンの方々は、様々な誘惑《ゆうわく》と接しています。中でも薬物の誘惑は、向き合わなければならないテーマ——。菊地さんは、音楽に関わる若者たちを薬物から守るために、日本音楽制作者連盟の理事として、他の団体と共にセミナーやシンポジウムを開催してきました。

4章に登場する奥田保《おくだたもつ》弁護士や薬物依存者の社会復帰に取り組むダルクの協力を得て、セミナーや農作業の実践を進めたり、薬物やメンタルヘルスに関する記事を会誌に掲載《けいさい》したりしてきたのです。そのとき、「魂の学」によって、痛みを理解し、魂の回復力を信じようとする姿勢を保《たも》てたことは、何よりも重要なことだったと菊地さんは言われています。

そして、3つの「ち」を超える会社の風土・文化の醸成《じょうせい》も、菊地さんが自ら問い続けてきたテーマです。

これは、比較的最近、起こったことですが、部長に抜擢《ばってき》した若手社員が他社からの引き抜きにあうという事件がありました。担当するアーティストがその会社に移ることになり、これまでその部長に好印象をもっていたことから、「一緒《いっしょ》に移籍《いせき》しないか」と誘《さそ》われたのです。

かつての菊地さんなら、この事態にどう応《こた》えたでしょう。

きっと、真《ま》っ先に相手の会社に怒鳴《どな》り込みに行ったのではないでしょうか。

しかし、このときの菊地さんは、もうそういった感情には動かされなかったのです。

菊地さんの会社は、こうした社員の引き抜きの話は少なくありません。

そのことについて、菊地さんはこう考えたのです。

「これは、社員が優秀でいきいきと仕事をしているという証拠《しょうこ》。だから、こういう話が来ることは、むしろうれしいこと。だとすれば、引き抜きに対して防衛的《ぼうえいてき》になるのではなく、会社をもっと魅力的《みりょくてき》にしなければならない。たとえ金銭面で有利な条件を提示されても、それを上回る魅力ある会社にすることだ」

そして、このことを呼びかけとして、さらに社員の意見を聞き、役員全員で会社の将来像をつくり直そうということになったのです。

菊地さんは、役員の気持ちが1つになったことをことのほか歓《よろこ》びました。

それは、菊地さんが長い時間かけて求めてきた会社の風土を、皆も大切にしているという証《あかし》だったからです。

結局、引き抜きにあった部長は、引き続き菊地さんの会社で仕事を続けることになりました。

「この会社は、とてもすがすがしくて風通しがいい。だから僕は、これからもこの会社でお世話になりたい」

そう理由を語ってくれたのです。それも本当にうれしいことでした。

もし、菊地さんが、業界の3つの「ち」のまま、時代を浸食《しんしょく》する唯物的《ゆいぶつてき》な価値観のまま、「人間関係はメリット次第」「世の中は結局、力と金」という信念をもち続けていたら、こんな現実が訪《おとず》れることはなかったでしょう。

これが、菊地さんの「心」が変わることによって生まれた現実なのです。

善意でも試練はやってくる――絶《た》えざる問いかけ

そして、2011年、菊地《きくち》さんの人生にとって忘れられない出来事が起こります。

3月に起こった東日本大震災は、東北地方の太平洋沿岸地域に深い爪痕《つめあと》を残しました。大津波によって、何万という無辜《むこ》の命が奪《うば》われ、人々は深く傷つきました。

被災された地域の人々はもちろんのこと、全国の人々が魂に傷を負ったのです。

菊地さんも大きな衝撃《しょうげき》を受けました。当初は、あまりの悲惨《ひさん》さに茫然《ぼうぜん》と我《われ》を失っていました。しかし、日が経《た》つにつれて、「この事態に対して、自分たちがやらなければならないことがある。心の感動を通じて仕事をしてきたからこそ、協力して傷ついた人々を励《はげ》ましたい」――そう考えると、もう居《い》ても立ってもいられない気持ちになりました。

そして、菊地さんたちは、震災から約2カ月後の5月14日、被災地を応援するチャリティコンサートを計画したのです。

通常、コンサートは1年以上の時間をかけて準備をします。

しかし、それではあまりに遅すぎる。菊地さんは、できるだけ早く応《こた》えることが必要だと思いました。

わずか2カ月――。時間はありません。でも、菊地さんは「大丈夫。何とかなる」と、これまでの経験で十分乗り越えられると算段《さんだん》していたのです。

しかし、**善意から始めても試練はやってくるのです。私たちを往《ゆ》くべき場所に向かわせるために、人生は絶えず問いかけ、はたらきかけることをやめないのです。**

絶体絶命の危機

現実は、予想通りにはいきませんでした。

これまで一緒《いっしょ》に仕事をしてきたアーティストやバンドの方々に声をかけたものの、すでにスケジュールが埋《う》まっていて、なかなかアーティストが決まりません。

会場は大阪の万博《ばんぱく》記念公園。1万5000人のコンサートです。あらゆる準備を超特急で進めたにもかかわらず、遅れに遅れました。

通常なら、半年前には80パーセントのチケットが売れ、4カ月前にはほぼ完売します。

しかし、そのときは、公演10日前になっても売れたチケットはわずか数千枚。まだ大半が残っていたのです。まさに絶体絶命の危機でした。

菊地《きくち》さんの心は焦《あせ》りを通り越して、絶望的になっていました。

「これが失敗したら、もう俺《おれ》は引退かな」

そんな弱気な想いにもなりました。そして、「最後まで頑張《がんば》るしかない」「なるようにしかならない……」とあきらめかけていたのです。

もともとの願いに立ち還《かえ》って

魂から聞こえてきたＳＯＳ《エスオーエス》を受けて私が菊地《きくち》さんとお話ししたのは、コンサート当日の１週間前でした。

「絶体絶命です……」

そう訴《うった》える菊地さんに、私は、開口《かいこう》一番、「いいえ、そんなことはありません。まだ、大丈夫《だいじょうぶ》だと思いますよ」とお伝えしました。

「今、できること、すべきことに集中しましょう。想定外の事態が続いて菊地さんは動転《どうてん》している。そして、何とか会場をいっぱいにできないか、数のことばかり考えている。そうじゃないですか？　でも、菊地さんたちの、もともとの願いは何だったのか。

それは、『被災地とその人々を支援したい』という想いだったのではなかったでしょうか。

今はまず、その原点に戻《もど》りましょう」

菊地さんは、ハッと我《われ》に返りました。すでに「魂の学」を何年も学んできた菊地さんは、私が言わんとすることを察知《さっち》されたのです。

「もう1度、『被災地と被災された人々を支えたい。応援したい』という気持ちに戻りましょう。そして、その想いをもう1度、参加してくださるアーティストの皆さん1人ひとりに、心を込めてお伝えしてはどうでしょうか。

菊地さんの想いに共感して参加される皆さんなら、きっとその想いを広げてくれるはず。今度は、アーティストの皆さんから、ツィッターやブログで、また仕事の場を通じて発信していただくことをお願いしましょう。

3日後は、ちょうど震災から2カ月です。その日に一斉《いっせい》にお伝えいただきましょう。大切なのは、その原点の想いです。皆さんと一緒に、最初に共振《きょうしん》してくださった願いに立ち還ることだと思います……」

菊地さんからは、それまでとはまったく異《こと》なる気配《けはい》が現れていました。

つながりの世界を取り戻《もど》す

菊地《きくち》さんは、もともとの願いを映《うつ》す「心の座標軸《ざひょうじく》」を取り戻したのです。

それからアーティストやバンドの方たち、マスコミ、協賛《きょうさん》企業の皆さんに、原点の想いを懸命《けんめい》にお伝えしました。そして、菊地さんたちの呼びかけに、アーティストの皆さんはそれぞれの想いを重ねて発信してくれたのです。

舞台美術、照明、音響などの業者さんたちは無償《むしょう》で協力を申し出てくれました。

マスコミ各社も協力を惜《お》しまず、かつてないほど頑張《がんば》ってくれました。多くの企業がさらなる協力を申し出てくれました。

その皆さんの想いが1つになって動き出した結果、3日間で1万枚以上のチケットを販売、当日券もあわせて1万5000枚――。1週間前には思ってもみなかった結果でした。

そして、そのこと以上に心に残ったのは、コンサートの素晴《すば》らしさでした。

前日まで、雨の日が続いていたにもかかわらず、当日は快晴――。

アーティストとバンドの方々は、「震災で被害を受けた人々を支援したい、応援したい」

と心から願っていました。万博《ばんぱく》記念公園は、様々な世代の聴衆《ちょうしゅう》であふれ、家族連れも多く、本当に多くの人々が心を寄せてくれました。

菊地さんが何よりもうれしかったのは、その場のすべての方々の想いが1つになっていたことです。

1人ひとりの想いは小さなものかもしれない。

けれども、その想いはこうやってつながることができる。

菊地さんは、改めて人間にとって大切なものは何かを心深くに刻《きざ》んだのです。

私たちの身の回りでは、常にこういうことが起こり得ます。現実に起こっているのです。それが世界の本当の姿――。

世界が動くのも、未来が変わるのも、人と世界がつながっているからです。

すぐには応《こた》えてくれないかもしれないけれど、つながりが切れているわけではない。

菊地さんは、今回のことで、ますますその想いを強めました。

自分の本心――魂の願いに立ち還《かえ》り、主体的に関われば、世界は何かを返してくれる。

世界は、無機的《むきてき》な塊《かたまり》でも無関係なものでもなく、1人ひとりと親密《しんみつ》に応え合っている。

私たちの関わり方で、現実は、まるで生きているように、呼吸するように変わるのです。

学生時代の忘れ難い「感動体験」から芸能界に入った菊地さん。その感動を1人でも多くの人に伝えたいという情熱は、今も赤々と燃え続けている。

人生の使命――「感動」を伝える

これまで40年近く、この業界で仕事をしてきた菊地《きくち》さんは、自身の会社をどう次の世代に継承《けいしょう》してゆくかを真剣に考え始めています。

もちろん、菊地さん自身は、生涯現役《しょうがいげんえき》の気持ちです。これからも、自分の命を使ってやらなければならないことがあるという想いに変わりはありません。

しかし、次の世代の中から、経営陣の一角を担《にな》い、会社の中心になって働く人たちに出てきてもらわないといけない――。その考えも強くありました。

当初、そのことを考え始めた頃《ころ》は、どうしても、組織やシステムをどうするか、資源、財産をどう受け継《つ》いでもらうかということばかりを考えていました。

しかし、「魂の学」を学ぶ先輩《せんぱい》から、「菊地さん、あなたが本当に伝えたいことは何?」と問われて、じっくりと自らの40年の歩みを振り返ってみたのです。

菊地さんは、芸能界に自らを投げ込み、感動の体験を提供しようと懸命《けんめい》に歩んできました。

そのきっかけとなったのが大学での感動体験――それをたくさんの人々に伝えたいと

願ったのが始まりでした。しかし、いかに純粋《じゅんすい》な気持ちであったとしても、私たちは、3つの「ち」の影響を受けざるを得ない存在です。

菊地さんも、「地」――業界の暗黙《あんもく》の前提《ぜんてい》、常識、価値観に深く身を浸《ひた》すことになりました。それは「人間関係はメリット」でしか動かないという思い込みであり、「世の中は結局、力と金」という信念にも似た常識でした。

それに溺《おぼ》れそうになっていたとき、息子の哲朗《てつろう》君が病に倒れました。

そこで命のリレーをしてくれた多くの方々の生き方は、菊地さんが呑《の》み込まれそうになっていた生き方とはまったく違うものでした。

「メリット」を度外視《どがいし》した生き方――そこで感じた、見えない「つながり」の実感が、菊地さんの人生の舵《かじ》を切りました。それは、哲朗君が渡してくれた人生のバトンでした。

心の座標軸《ざひょうじく》を取り戻《もど》した菊地さんは、思い込みや常識と向き合い、それら1つ1つを吟味《ぎんみ》していったのです。そして、そこから解《と》き放《はな》たれ、その自由な心で会社を育てようとしてきました。

菊地さんは、自らの会社のホームページで、このように語っています。

本当の感動とは――

・1人ひとりが素晴《すば》らしい人生・未来を生きること。
・すぐにものごとを投げてしまっていた若者が、「もう1度」と諦《あきら》めずに挑戦《ちょうせん》する。
・真剣になることは格好《かっこう》悪いと思ってきた人が、自分や周囲のこと、問題や試練に真剣に向き合い始める。
・失敗に挫折《ざせつ》した人が、そこでただ屈《くっ》せず、失敗から多くを学び、新たな生き方をもって再出発する。
・世間の価値観に振り回されていた人が、自分の本当の願いを深く感じ、そこから行動できる人になってゆく。

これは、菊地さん自身が発見した人生の宝であり、すべての人に大切に手渡したい「人生のバトン」なのです。

だからこそ、社名はハンズオン・エンタテインメント。エンタテインメントの上で、手と手をつなぐ。そんな願いが込められた社名にほかなりません。

人間は、感動によって、それぞれの違いを超えて、手と手をつなぎ合える。一体になれる――。

見えない次元から湧《わ》き起こる感動は、人々を結びつけるエネルギーにほかならないの

です。

菊地さんは、人生の出来事、試練の1つ1つに導《みちび》かれるように人生のテーマへと近づいてゆきました。

試練に出会い、それを乗り越える度《たび》に、境地《きょうち》を磨《みが》き、智慧《ちえ》を蓄《たくわ》えて、また新たなテーマに挑戦するというように、1段1段、人生の階段を上《のぼ》ってきたのです。それが菊地さんにとって、「最高の人生」のつくり方――「最高の人生」にアクセスする道だったのです。

How to Make Your Life the Best

2章 人生の青写真——無数の経験が示すジグソーパズル

Chapter Two

1人ひとりの人生には
本来そうなるべき姿——青写真がある。
それは、無数の経験のピースを集めた
ジグソーパズルが示す1つの絵にほかならない。
その見えない図柄《ずがら》を読み解くとき
私たちの心には、特別な感慨《かんがい》が訪れる——
「ああ、これが自分の使命なのだ」
「収《おさ》まるべきところに収まった。これで本当によかった」
そのとき、「人生の青写真」の存在を確信するのである。

最高と最高′（最高ダッシュ）

２章を始める前に確認しておくべきことは、私たちは、「最高の人生」に関して、誤った先入観を抱《いだ》いていることが少なくないということです。

一見「最高」と思えても、実は、まがい物の「最高′」（最高ダッシュ）との違いをしっかりと見きわめなければならないのです。

もちろん、この「最高′の人生」からでも、真実の「最高の人生」につながってゆくことは十分あり得ることでしょう。

しかし、真実とまがい物を分けているダッシュの意味を正しく理解しないと、２つの人生はあるところで枝分《えだわ》かれして、「最高′の人生」は、真実の「最高の人生」とは別の道をつくり上げ、とんでもない場所に行き着いてしまうことになるのです。

まず、点検しなければならないのは、最高に至《いた》るためには成功を重ねることが何よりも必要、１００戦１００勝の果《は》てに生まれるのが「最高の人生」だという誤った考え方です。途中で１回でもつまずいたり、失敗してしまったりしたら、最高とは言えない。ましてや、大きな挫折《ざせつ》をしてしまった自分の人生は、もはや「最高の人生」に値《あたい》しないという思い込みです。

確かなことは、1度も失敗しないことが「最高の人生」に至る必要条件ではないということです。「最高の人生」への歩みの途上《とじょう》では、ときに世界からストップを突きつけられることもあります。そのときは、失敗や挫折を通して、より大切なものを見きわめ、より智慧《ちえ》深くなることが大切なのです。

100の人生すべてが「最高の人生」になる道

そして、最高に関するもう1つの誤った考えは、「最高」は他の99の「平凡」から抜きん出ることによって初めて実現できるというものです。周《まわ》りの99人と比較競争し、それらを上回れば最高——。もしそうならば、100の人生の中から、「最高の人生」はたった1つしか生まれないことになってしまいます。

しかし、本当の「最高の人生」とは、100の人生すべてが「最高の人生」になり得るものなのです。100の人生に100通りの「最高の人生」が用意されている——。

それは、どのような人生なのでしょうか。

私たちは、この世界で、それぞれが果《は》たさなければならない使命を抱《いだ》いています。そ

の使命は、その人の魂の内に、人生の設計図、青写真として刻《きざ》まれているものです。

「最高の人生」とは、誰《だれ》かと比較して最高なのではない。その人の内なる青写真を具《ぐ》現《げん》することによってこそ、「最高の人生」に至《いた》ることができるということです。

創造物の青写真——空を飛ぶ機械の形が生まれるまで

すべてのものには、本来そうなるべき姿——青写真があります。

新たな創造物が現れるのは、その青写真がこの世界に具現《ぐげん》されるからです。

たとえば、飛行機のことを考えてみましょう。

どうすれば、あの鳥のように、大空を自由に飛ぶことができるのだろうか——。遙《はる》か昔から、多くの人々がそのことに想いを馳《は》せてきました。しかし、どんな形が空を飛ぶのか、誰《だれ》もわからず、誰もその答えを知らなかったのです。

時は１９０３年——。人を乗せて安定して飛行することが可能な世界最初の飛行機、フライヤー号がライト兄弟によって発明されました。

当時、空気より重い機械が空中を飛ぶとは誰も信じていませんでした。機械が飛ぶことは科学的に不可能とさえ言われていたのです。

しかし人間は、その時代の常識ではあり得ない、想像することさえ難《むずか》しいものを、この世界に生み出すことができるのです。

フライヤー号が生まれるまでには、実に様々な形の飛行機が考案《こうあん》され、実際につくられ、飛行試験が繰《く》り返されてきました（図６）。

11世紀には、修道士《しゅうどうし》のエイルマンが、鳥の羽《はね》を植えた人工の翼《つばさ》を付け、高い塔《とう》から飛び降りました。「空を飛ぶことができる！」と信じて飛び降りたエイルマンでしたが、残念ながら墜落《ついらく》し、大けがをしてしまいました。

時を経《へ》て１８４３年、アメリカのケイリーは回転翼《よく》を使ったヘリコプターの模型《もけい》をつくります。しかし、空を飛ぶことはありませんでした。ケイリーはその６年後、翼が３枚重なったグライダーをつくり、少年を乗せた飛行に成功します。しかし、距離《きょり》は伸《の》びませんでした。

一方、イギリスのフィリップスは、「羽さえあれば飛べる」と考え、何と80枚の板簾《いたすだれ》と呼ばれた飛行機をつくりましたが、機体がわずかに浮いただけでした。サントス・デュモンは、尻尾《しっぽ》のないガチョウのような飛行機を考え、日本では二宮忠八《にのみやちゅうはち》が玉虫型《たまむしがた》の飛行機をつくりましたが、いずれも成功しませんでした。

飛行機の変遷

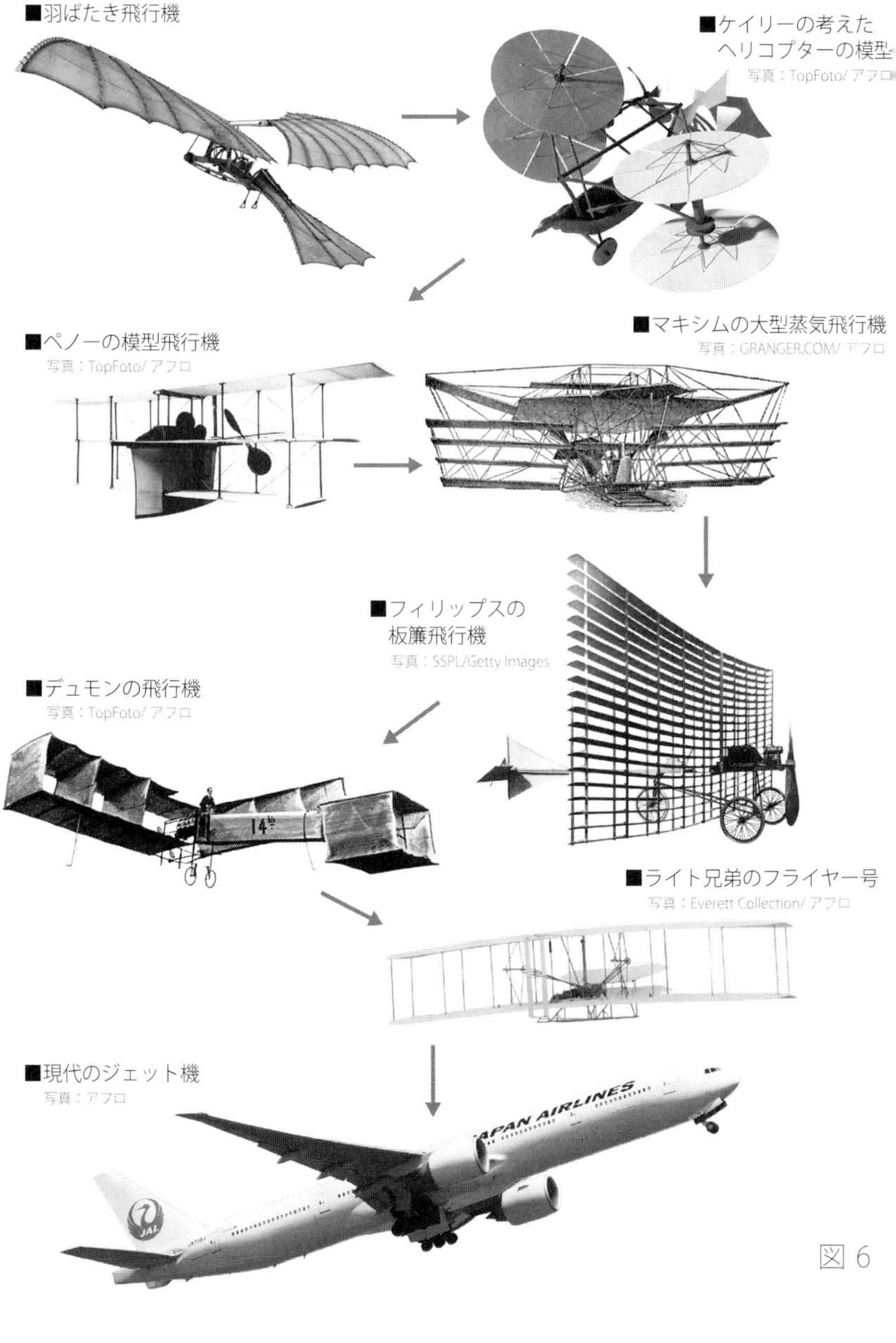
■羽ばたき飛行機
■ケイリーの考えた
ヘリコプターの模型
写真：TopFoto/ アフロ
■ペノーの模型飛行機
写真：TopFoto/ アフロ
■マキシムの大型蒸気飛行機
写真：GRANGER.COM/ アフロ
■フィリップスの
板簾飛行機
写真：SSPL/Getty Images
■デュモンの飛行機
写真：TopFoto/ アフロ
14bis
■ライト兄弟のフライヤー号
写真：Everett Collection/ アフロ
■現代のジェット機
写真：アフロ
JAPAN AIRLINES
JAL

図 6

中には、「空を飛ぶには力が必要」と考えた人もいます。ハイラム・マキシムは、4トンの機体に6メートルのプロペラ、30メートルの翼長《よくちょう》を持った飛行機をつくりました。しかし、機体が数十センチ浮かんだ後、地面にたたきつけられ、バラバラに崩壊《ほうかい》したそうです。

このように、空を飛びたいと思った人たちは、機体を変え、翼に工夫《くふう》を凝《こ》らし、エンジンの改良を重ねましたが、その飛距離は100メートルを超えることはなかったのです。

その壁を突き破ったのが、フライヤー号です。フライヤー号が現れるに至《いた》って、たった数年で飛行距離は何と40キロメートルに達しました。フライヤー号の成功は、他の発明家を刺激《しげき》し、急速な勢いで飛行機は現在の形へと進化してゆきました。

初めは、誰も答えを知らない。ましてやその時代の常識や先入観では想像すらできない。しかし、改良に改良を重ね、求めに求めた果《は》てに、その答えが見つかった。

それは、「無《む》」から「有《ゆう》」が生み出されたというよりも、世界の側にすでに存在していた飛行機の「青写真」にたどりついたということです。

青写真にたどりつくとは、どういうことでしょうか。

それは、世界にはその答え――設計図が存在し、隠れていた設計図に人間がアクセスし、取り出したということなのです。

このように、**世界の側に存在するその設計図を、私は「青写真」と呼んでいます。「青写真」とは、ものごとが本来現すべき完成図、そのものが抱《いだ》いているイデアです。**

生命の青写真

幼い頃《ころ》、夏になる前に、よく朝顔やひまわりの種を蒔《ま》いて、そこから始まる生命のドラマを心待ちにしていたことを思い出します。小さな種を両手に乗せてじっと見つめていると、とても不思議な気持ちになりました。この小さな種のどこに、あの独特《どくとく》な美しい花を生み出す力が眠っているのだろうか――。

そして、人間の生命の秘密を知ったとき、その想いはさらに膨《ふく》らみました。

ヒトの受精卵《じゅせいらん》はわずか0・1ミリ。成人した人間は37兆《ちょう》という膨大《ぼうだい》な数の細胞を抱《いだ》いています。それを構成する原子の数は、体重60キロの成人なら、6×10の27乗個。観測可能な宇宙にある星の数より多いのです。

部分と全体の関係を繰《く》り返しながら、原子、分子、細胞、組織、器官、器官系によってつくられる生命の精緻《せいち》なシステム。眼、耳、鼻、舌、肺、胃、小腸、大腸、肝臓《かんぞう》、腎臓《じんぞう》、膵臓《すいぞう》、胆《たん》のう……、呼吸器系、消化器系、循環器《じゅんかんき》系、神経系、免疫《めんえき》系……。それぞれが実に巧妙《こうみょう》な、奇跡的なしくみとはたらきを発揮《はっき》しています（図7）。

その詳細《しょうさい》を知れば知るほど、どうして目に見えない小さな1つの細胞から、生命が生まれてくるのか――私たちが気づかない、とてつもない力がはたらいているように感じたのです。その想いは後年、遺伝子《いでんし》という存在を知り、どんなに科学の知識を得ても、変わることはありませんでした。

人間は、生命の進化によって立ち現れたとされています。進化の方向性を決めるのは、「適者生存《てきしゃせいぞん》」――。その選択《せんたく》が積み重なり、長い時間をかけて、現在の生物、そして人間になってきたのだと言われています。

科学者は、単細胞から複雑な生命へ、いくつもの種《しゅ》の枝《えだ》をまたぎながら、様々な段階の生物が存在してきたこと、そしてその生命の変化がそれぞれの段階で有用であることを示すことで、適者生存による進化の道のりを説明します。

しかし、それで進化の謎《なぞ》は明かされたのでしょうか。

事実が示しているのは、適者生存に矛盾《むじゅん》しない、合致《がっち》するということだけです。科学

生命の秩序

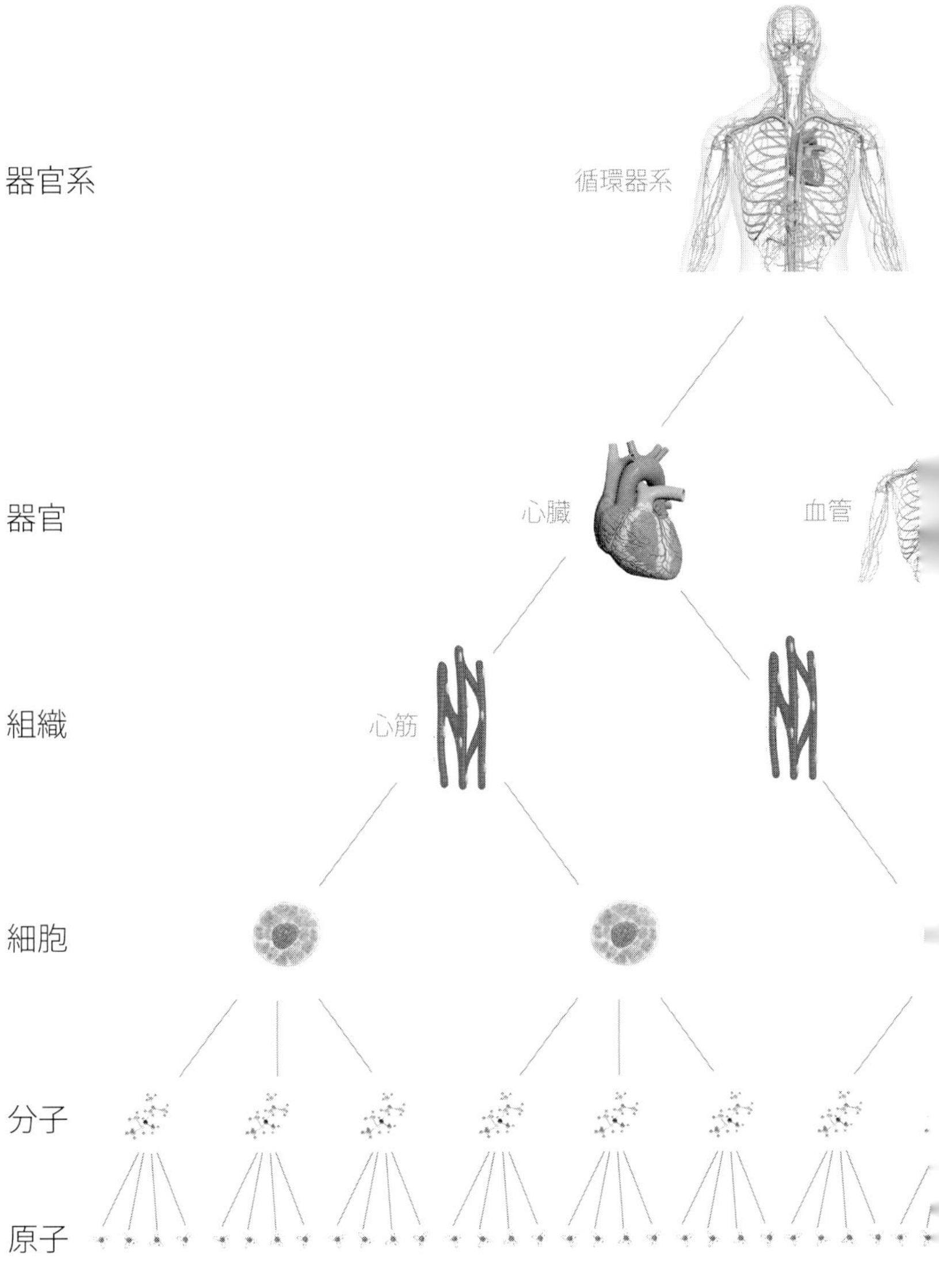

図 7

は、「HOW《ハウ》――どのようにしてそうなったか」は説明できても、「WHY《ホワイ》――なぜそうなのか」は説明できません。

単純な生命から複雑な生命へと進化してきたのはなぜなのか。

それに答えようとするならば、進化の過程において、全体が複雑なものへと向かおうとしていること、そこに人間のような存在を生み出そうとする「青写真」があったと考えることが必要だと思うのです。

進化の青写真

この宇宙は、１３８億年という遙《はる》かな時間の流れの中にあります。

地球という星に生命が生まれ、人間が誕生したことも、不可思議《ふかしぎ》な謎《なぞ》です。

星々や宇宙の成り立ちを精密《せいみつ》に調べてゆくと、この星に生命が生まれ、人間が出現すること自体、いくつもの奇跡を直列させないと起こり得ない事実であることが見えてきます。

宇宙定数《ていすう》と呼ばれる数値が少しでも違っていたら、人間のような知的生命体が生まれることはなく、陽子や中性子を結びつけて原子核をつくっている「強い力」が現在の値よりわずかでも大きければ、水素原子が生まれることはなく、水も生命も現れることはない。人間が生まれなければ、宇宙を認識する存在はなく、宇宙は存在しなくなってしまう――。

それは、あたかも、宇宙自身が生命や人間を何とか生み出そうとしているかのように見えます。冷静にこの事実を見つめてゆくほど、そうとしか言いようがないと感じられるのです。

宇宙が生命や人間を生み出すことは「青写真」だったということではないでしょうか。少なくとも、はっきりとしていることは、私たちの宇宙は、人間が生きるための宇宙になっているということです。

しかし、科学は、このような「意味」や「必然」を受け取ることはありません。

現在、宇宙は、ただ1つの宇宙――ユニバース（uni-verse）ではなく、マルチバース（multi-verse）という多次元《たじげん》宇宙であり、人間が誕生するこの宇宙のほかに、初期的な定数等が少しずつ変化した、生命や人間が誕生しない宇宙が無数に存在するという説があります。生命や人間の誕生の不思議は、十分起こり得る確率の問題に過ぎないというわけです。

しかし、現に存在することが明白《めいはく》なユニバースが示す「奇跡」と、私たちには確かめようのない多次元宇宙の「平凡」を、本当に引き換《か》えにしてよいのでしょうか。

たとえ、多次元宇宙論によって、人間の誕生と出現が確率論的に説明できたとしても、生命の謎《なぞ》、人間の謎はなくなるのでしょうか。私はそうは思いません。無数の宇宙の中のただ1つに私たちが生きている。だとすれば、私たちが今、生きている意味をもっと深く、大切に受けとめる必要があるのではないでしょうか。

ミケランジェロの形像《イデア》

芸術にそれほど関心がない方でも、ミケランジェロという名前を聞いたことがあるでしょう。ダビデ像、ピエタ像、システィナ礼拝堂天井画《れいはいどうてんじょうが》、『最後の審判《しんぱん》』の壁画《へきが》などで知られるイタリア・ルネサンス期の天才的芸術家です。

ミケランジェロも「青写真」を実感していた1人です。

弟子のジョルジョ・ヴァザーリは、その著書『ミケランジェロ伝』の中で、このようなミケランジェロの詩の言葉を伝えています。

「どれほど優《すぐ》れた芸術家でも、大理石の塊《かたまり》が抱《いだ》く形像《イデア》を摑《つか》むことはかなわない。その

「魂の学」を語る——3

戸田正寿《とだせいじゅ》さん

アートディレクター

「青写真」にアクセスすることがアートの神髄

　初めてお会いしたとき、高橋先生は、なぜ私がアートディレクターとして、「認識の枠組みを超えて、誰も気づかなかった感動を人々に伝えたい」という志を抱いたのか、その原点となった高校時代の体験のことを話されたのです。驚きとともに過去と現在と未来が1つにつながって見えるような瞬間でした。

　私の人生と仕事の核心にここまで迫ってくる方は初めてでした。それは、高橋先生自身が、常識や価値観を超えた「青写真」を見ているからだと思います。高橋先生と仕事をさせていただくと、私自身、強いインスピレーションが湧いてきます。何かを創造するとき、そのイデア——青写真がすでに存在していて、その次元にいかにアクセスできるか、それがアートの神髄なのです。

形像《イデア》に届くのは、本物の『知《ち》』に導《みちび》かれた手だけなのだ」

「形像《イデア》」とは、大理石の中に埋《う》め込まれている、本来現れるべき「青写真」のことです。真の叡智《えいち》に導かれた彫刻家だけが大理石の塊の中に埋まっている形像《イデア》を発見し、彫《ほ》り出すことができる――。石に鑿《のみ》を振《ふ》るってきたミケランジェロは、自らそういう感覚で創作に向かっていたということでしょう。

ミケランジェロは、自らの感覚に基《もと》づいて言葉を残しましたが、そのまなざしは、ギリシア時代の哲人《てつじん》プラトンのイデア論に共通するものです。

プラトンは、人間を魂の存在として捉《とら》えていた人です。

あの世にあるとき、魂は、ものごとの本質であるイデアだけを見て過ごしていた。しかし、地上に生まれるとき、忘却《ぼうきゃく》の水を飲んで、それを忘れる。それゆえ、肉体を持った人間は、幻《まぼろし》に囚《とら》われ、真実を見失って時を費《つい》やすことになる。

しかし、「すべてを忘れ去ってしまったわけではない」とプラトンは言います。人間の中には、かすかにその記憶が残っていて、現世《げんせ》において、本質的なものと出会ったとき、人間は「イデア」を思い出し、それに惹《ひ》かれる、と――。

だから、プラトンにとって、教育とは、何ももっていない若者たちに知識を与えることではなく、もともと、内にあるものを思い出させること、想起《そうき》させることでした。

実に深い示唆《しさ》を与えてくれる考え方です。

「魂の学」においても、創造とは「無《む》」から「有《ゆう》」を生むことではなく、すでにそこに埋《う》め込まれている「青写真」（イデア）を探し出し、それを具現《ぐげん》することなのです。

創造の秘密

そして、このような感覚をもっている人は、いつの時代にもいました。

多くの芸術家が、自分に降りてくる霊感によって作品を創作してきたことはよく知られていますが、その霊感の中には、「青写真」をキャッチしたとしか言いようのないものが数多くあります。

天才的な音楽家ヴォルフガング・アマデウス・モーツァルトは、幼い頃《ころ》から多作で知られ、わずか35年の人生で９００以上の作品を残しています。

自らの作曲について、モーツァルトが語ったこんな言葉があります。

「一気呵成《いっきかせい》に書く。すべてがすでに出来上がっているからだ。僕《ぼく》の想像の中にあったものと譜面《ふめん》とは、めったに違わない」

実際、モーツァルトの自筆譜《じひつふ》には、書き損《そん》じた形跡《けいせき》がほとんどないと言われます。つまり、モーツァルトには、作品が、最初から完成された形で天啓《てんけい》のように降りてきているということです。まさにヴィジョンという形で「青写真」にアクセスしていたということではないでしょうか。

小説家の中にも、入念《にゅうねん》な準備をして何度も修正を加えてプロットをつくり、作品を生み出す人がいる一方で、そうした手続きを踏《ふ》まずに、直観によって書き進めてゆく作家がいます。

たとえば、村上春樹《むらかみはるき》氏は、執筆《しっぴつ》にあたって、「どういうストラクチャーで、誰《だれ》が出てくる、どういう結論にする、そういうプランはまったくありません」「手探りで進みながら、自然に顔をのぞかせるものを、するっと素早く引っ張り出してゆくのが物語です」「物語を得るためには、僕はその源《みなもと》を探して掘《ほ》り進めなくてはなりません。僕の心の暗い場所に物語が潜《ひそ》んでいて、そのすごく深いところまで掘《ほ》ってゆかなければならないのです」と語っています。それは「青写真」に導《みちび》かれての創作活動と言うことができるでしょう。

また、ニコラ・テスラは、交流モーターによる発電・送電のシステムをつくり上げたことで知られています。それは、今日のあらゆる国々の電力システムの基《もとい》となっているものです。当時、直流モーターを発明したエジソンとその普及《ふきゅう》を争った結果、人間社会はテスラの交流モーターシステムを「青写真」として受け入れたのです。

ラジオ、テレビ、ロボットの分野にも大きな足跡《そくせき》を残したテスラは、いつもこう言っていました。

「何かの装置の製作や、何かの研究を思いつくと、十分な準備もせずにいきなり取りかかる人たちがいます。核となるアイデアをそっちのけにして、すぐに細部のことに心を奪《うば》われてしまうのです。何とか結果はつくのでしょうが、それでは質が犠牲《ぎせい》になってしまいます」

つまり、自分に降りてきたアイデア＝青写真の探求をもっと大切にすべきだと言っているのです。テスラは、世界中に技術革命をもたらした交流モーターのアイデアを思いついたとき、こう感じたと言います。「そのイメージは、すばらしくシャープで、明確で、金属や石のように確固《かっこ》たる存在感があった」

まさにそこにあった「青写真」にアクセスできたということでしょう。

人間がつくり出してきた無数のもの——車、建物、街灯《がいとう》、道路、テレビ、コンピュータ……それらはすべて、誰《だれ》かが「こういうものがあったら」と思い描いたことから生まれてきたものです。

確かなことは、それらの創造は、誰かが「青写真」をキャッチすることから始まったということではないでしょうか。人間が何かを生み出すとき、新たな道を切り開くとき、その始まりには必ず「青写真」が存在するのです。

歴史の青写真

明治維新《いしん》というわが国にとっての大きな変革が、実は当初、アジア諸国を脅《おびや》かしていた列強《れっきょう》諸国を排斥《はいせき》する攘夷《じょうい》運動から始まったことはよく知られています。

しかし、朝廷《ちょうてい》の意に反し、幕府が通商路線を選んで開国に傾《かたむ》くと、尊王論《そんのうろん》が攘夷運動と結びついて、朝廷を中心とする尊皇《そんのう》攘夷運動が広く展開されました。そして、それが倒幕《とうばく》運動となり、最終的に、明治維新として結実《けつじつ》することになったのです。

明治維新という変革を歴史の事実とする現代の私たちから見ると、その変革は、決定的な意味と重要性を持っています。それなしには、わが国の近代化も、発展もあり得ない。それは日本の歴史において、果《は》たされるべき「青写真」でした。

「魂の学」を語る――4

岡部《おかべ》光明《みつあき》さん

経済学

慶應義塾大学名誉教授

日本が抱える諸問題の解決に貢献できる

現代の主流派経済学は、人間の行動について利己主義と合理性を前提としているため、人間の利他的な行動は対象外となり、幸せや絆といった側面も視野に入ってきません。

こうした現状に対して、私は強い違和感を覚え、新たな経済学を求めて研究を重ねてきました。その中で、高橋先生の「魂の学」との出会いは決定的でした。

「魂の学」は、驚くべき現代性と先端性、そして実践性を兼ね備えています。個人の変革から始まり、それが社会貢献に見事につながってゆく。それは、普遍的な理論を基にした実践哲学です。

1人ひとりの「魂の学」の実践が、経済のみならず日本が抱える様々な問題の解決に大きな力を発揮することを確信しています。

攘夷→尊王→倒幕→維新という流れは、まるで、その「青写真」に近づき、それを果たすための道すじに見えるのです。

同時期の世界に目を向けると、それ以降の歴史に決定的な意味をもつことになる産業革命が起こっています。産業革命は、それまでの家内制手工業《かないせいしゅこうぎょう》の生産体制が、蒸気機関の発明などによって、工場制機械工業に転換する変革です。

多くの工場がつくられ、人々が労働力を提供することで、爆発的な生産力が供給され、それが莫大《ばくだい》な富《とみ》を生み出すことになりました。

しかし、この産業革命には、実に不思議な事実があるのです。

産業革命の1つの鍵《かぎ》は、爆発的な生産力を生み出す労働力にありました。

普通なら、産業革命によって豊かになった社会が人口を増やし、その後の発展を支えたと考えるでしょう。ところが、実際は順序が逆だったのです。

まず英国の人口が増え、その後、産業革命が起こった――。そして、人口をさらに増加させた。あたかも、世界がその後の産業革命の労働力を準備するかのように人口を増やしているのです。それは、産業革命が歴史の「青写真」であり、その「青写真」のために、世界が動いたということではないでしょうか。

人生の青写真

ここまで「青写真」の秘密をたどってきた読者は、私たちの人生にも「青写真」があるのではないかと思われるのではないでしょうか。

私がお伝えしたいのも、まさにそのことです。

人生とは不思議なものです。それは、一見《いっけん》気まぐれなもので、偶然《ぐうぜん》に支配されたものにしか見えません。実際、誰《だれ》もが投げ出されたようにこの世界に生まれ、気づいたときにはすでに人生を生き始めています。

生まれた時代も国も地域も、両親や家族も、自分で選んだと思う人はいません。自分ではどうすることもできない条件を与えられ、その影響に縛《しば》られながら生きてゆくしかない。

そこに突然現れる望まぬ現実は、不自由さと理不尽さに満ちています。

家業が傾《かたむ》いて一家離散《りさん》を余儀《よぎ》なくされる。何の前触《まえぶ》れもなく災害や事故に巻《ま》き込まれる。愛されるはずの両親から愛を注《そそ》いでもらえず、家庭の中でいさかいが絶《た》えない。貧しさゆえに進学をあきらめざるを得ない……。

しかし、その不自由さが、人生の必然をつくり出しているとしたら、どうでしょう。

つまり、**どんな不自由を与えられようと、どんな苦境の中に放《ほう》り込まれようと、その負《ふ》の条件を抱《いだ》いたからこそ、それを解《と》き放《はな》つ生き方を始めることができるのが人間なのです。**

病で肉親を失うというつらい体験をしたからこそ、医師や看護師など、医療の道に進んだという人は少なくありません。家に帰っても居場所《いばしょ》がなく、友だちもできず、孤独に苦しんでいた人が、学校の先生との出会いによって生きる希望を取り戻《もど》し、自らも教師という仕事を選んだという人もいます。経済的に苦しんだり、生《お》い立ちによって社会制度の挟間《はざま》で困窮《こんきゅう》したりしたからこそ、自分と同じ境遇《きょうぐう》にある人たちを助けたいと、弁護士や法務の仕事に就《つ》く人もいます。まるで、人生がもたらす出会いや出来事、状況のすべてが、たどり着くべき場所、結ぶべき形を教えようとしている――。

すべての経験を使って、人生というジグソーパズルを組み上げたとき、そこには、他の誰のものとも違うあなただけの図柄《ずがら》が現れるということです。

それが「人生の青写真」なのです。

もちろん、その図柄を読めなければ、それを具現《ぐげん》することはできません。それを読み

取り、具現するために道を指し示すのが、「魂の学」の役割です。

その一部が具現できたとき、その輪郭《りんかく》が現れたとき、私たちには特別な感慨《かんがい》がもたらされます。「ああ、これが自分の使命なのだ」「人生の解答を得た」「収《おさ》まるべきところに収まった。これで本当によかった」

そのとき、私たちは、「人生の青写真」があることを確信するのです。

2011年の衝撃《しょうげき》

長年にわたり環境科学の先駆者《せんくしゃ》として、ダイオキシン研究をはじめ、日本と世界各地の環境問題に取り組んできた脇本忠明《わきもとただあき》さん（愛媛大学名誉教授）。ここ20年は、ダイオキシンから、廃棄物《はいきぶつ》全般、ゴミ問題を中心に研究を続けてこられました。

環境問題をライフワークとしてきた脇本さんにとって、2011年3月11日の東日本大震災と、そこで起こった原発事故と放射性物質による環境汚染は、決して他人事《ひとごと》にはできない事態でした。

連日の報道が伝えてくる被災地の深刻《しんこく》な状況、特に原発事故が多くの故郷喪失者《そうしつしゃ》を生み出していることに大きな衝撃《しょうげき》を受けた脇本さんは、「何とかしてこの問題に一矢報《いっしむく》いたい」と、居《い》てもたってもいられない気持ちになったのです。

震災の中で、もっとも心に残ったことの1つが発電でした。

「電気がなければ、現代の社会では生活ができない」

瓦礫《がれき》が散乱《さんらん》する中で、電気がないために、焼却炉《しょうきゃくろ》を稼働《かどう》することができない。ますます瓦礫やゴミが山積みとなり、整理も進まず、人々の復興《ふっこう》の足かせになっている。

時間の経過とともに、問題の考察を深めていった脇本さんは、原子力という発電方式に頼《たよ》る日本のエネルギー政策に疑問を持つようになります。

未来を見据《みす》えて、旧来の発電方式に代わる、もしくはそれを補完《ほかん》する新しい発電方式はないか——。

脇本さんは、長年にわたって、焼却炉の問題に関わり、環境汚染物質を排出《はいしゅつ》しない焼却炉の開発にも取り組んできました。その脇本さんが、今後の震災への備えとして、焼却炉に新たな機能——発電を付与《ふよ》することを考えました。

新しい発電方式のヒントは、目の前にあったということです。モノを焼却すると熱が出る。熱はエネルギーにほかならない。そのエネルギーを発電に使えないか——。

脇本さんは、焼却炉と発電をつなぐ新しい火力発電の方式を発案したのです。

つまり、ゴミの焼却場と火力発電所を1つにするという提案でした。

ところが、その発想は、なかなか理解されませんでした。省庁《しょうちょう》の関係者に話をしても、反応は思わしくありません。そもそも、縦割行政《たてわりぎょうせい》の中で、ゴミの焼却場は厚生労働省と環境省の管轄《かんかつ》、発電所は経済産業省の管轄で、各省にまたがる提案には最初から難色《なんしょく》が示され、この話は頓挫《とんざ》寸前になってしまったのです。

青写真への回帰《かいき》──「見《けん》」から「観《かん》」のまなざし

脇本《わきもと》さんは、その新しいゴミ焼却炉《しょうきゃくろ》に関して、固定化した見方しかできなくなっていました。

焼却炉に発電の機能を付加《ふか》すれば、多くの人々に必要とされるに決まっている──。

「これは、こう」というレッテル貼《ば》りで終わっていたということです。

その見方で周囲の人たちにどんどん押していっても、理解は得られず、行政の人たちは動かなかったということです。

動き始めた途端《とたん》、壁に突き当たり、どうすることもできないと頭を抱《かか》えていた脇本さん。その壁を突き破るために、私は脇本さんとお会いしました。

そして、今、私たちが立つべき原点ということからお話しさせていただいたのです。

私たちはみな、あの過酷《かこく》な震災の体験者。震災がいったい何を起こすのか、その悲惨《ひさん》な結果を見た1人ひとり。その結果を見た私たちがこれでいいのだろうか、そう直球で問いかけさせていただいたのです。

瞬時《しゅんじ》に、居《い》ても立ってもいられなくなった脇本さんが蘇《よみがえ》ってきました。

「事態にレッテル貼りして決めつけるのではなく、よく見きわめましょう」と、固定化した事態の捉《とら》え方から1度離れることを誘《いざな》いました。そして、「青写真」にアクセスするために、可能性と制約をもう1度見直そうとお伝えしたのです。

そのとき、私が示したのが**「見《けん》」から「観《かん》」というまなざし**です。

実は、人間の「みる」力は、非常に多様で総合的なはたらきを抱《いだ》いています。

「マルかバツか」の見方では、その総合力を発揮《はっき》することはできません。

その力を発揮するために必要なのが、この「見」から「観」のまなざしなのです。事態の可能性と制約を見きわめる際にも極《きわ》めて有効です。

そのまなざしでは、「見」（肉体の眼《め》を使って「みる」＝マルかバツか）ことから「観」（魂の眼を使って「みる」）に至《いた》るまでの間に、４つの対《つい》になった8つの「みる」が置かれています。
①「視《し》」は部分的、分析的《ぶんせきてき》にみる。「眺《ちょう》」は総合的に全体をみる。
②「望《ぼう》」は未来を望みみる。「省《しょう》」は過去を振り返りみる。
③「察《さつ》」は想像力をはたらかせて洞察《どうさつ》する。「証《しょう》」は事実に照《て》らし実証的《じっしょうてき》にみる。
④「診《しん》」はある瞬間《しゅんかん》を切り取ってみる。「看《かん》」は長い時間、持続的に見守る。
このような「見」から「観」の視点に基《もと》づいて、様々な角度や側面からものごとを総合的に捉《とら》えることが狙《ねら》いです。私は、これらの視点にしたがって、脇本さんに次ページにある29項目の問いかけをさせていただきました。

脇本さんは、その問いかけの観点のあまりの多さに驚いたと言われました。しかし、とにかくやってみようと、10日間、その問いかけと格闘《かくとう》し、新しいゴミ焼却場の青写真を描き直してゆきました。

提案と現実の間には、まだ大きな隙間《すきま》があり、いくつもの障壁《しょうへき》があったのです。

もし、脇本さんの内側に、「この計画を本当に実現したい」という強い気持ちがなければ、いくつかの「NO《ノー》」が重なったことで、「もう無理だ」とあきらめてしまったでしょう。そして、この提案が「青写真」に肉薄《にくはく》するものでなかったら、たとえあきらめ

察《さつ》・証《しょう》 洞察する(直感)・点検する(事実)

- 他の発電システムと比べて、効率はどの程度か。
- 実現するにあたっては、どのくらいのコストがかかるのか。
- コスト・ベネフィットのトレードオフを考えた上で実現可能か。
- コスト・ベネフィットのトレードオフを無視してもなお実現しなければならないとしたら、その必要と必然とは何か。
- 日本の電力キャパシティのどの程度がカバーできるのか。どの程度カバーすることをねらうのか。
- 承認されればすぐにでも実行に移せる提案か。もしくは、予測される技術的課題、克服すべき技術的課題はあるか。
- 日本国民全体の世論はどう受け入れるか。
- この問題に関わる人たちの受けとめ、気持ちとしては、どのようなものが考えられるか。
- 現在焼却場がある地域の人たちの気持ち・このことに対する印象はどうか。
- 現在、エネルギー政策に関わっている人たちの抵抗とは何か。
- これを後押ししてくれそうな業界、人には、どのようなものがあるか。

診《しん》・看《かん》 断ずる(今、この時)・見守る

- 今この時、この日本の現状だからこそできることはないか。
- 今すぐ実現しなければ意味がなくなる提案か。検討のための時間がある程度見込める提案か。
- この事態に対する火急的対応の側面と、日本の中長期的エネルギー政策としての側面とは何か。
- しばらくして、現在の状況が安定化へ向かったときに、どういう状況になるか。
- Sustainable(持続可能)なエネルギー資源となり得るか。

「見《けん》」から「観《かん》」の問いかけ

視《し》・眺《ちょう》 部分をみる・全体をみる

- 地域の運動としてこれを起こすのか。日本全体の電力政策としてこの運動をつくろうとしているのか。
- 地域では実現可能であったとしても、日本全体に展開したときに現れてくる問題はないか。
- エネルギー政策に限定して見たとき、その単眼的視点におけるメリット・デメリットとは何か。
- 単独では短所が現れても、他の業界や活動と組み合わせることで現れてくる長所はないか。
- 地勢的なメリット・デメリットとは何か。
- 国際関係上でのメリット・デメリットとは何か。
- 他の活動、経済活動、文芸活動、技術開発などへの波及力とは何か。

望《ぼう》・省《しょう》 望みみる・省みる

- これまでのエネルギー政策の経緯、現在日本にある他の発電システムとの整合性はどうか。
- ヴィジョンを示すことにウエイトがあるのか。問題を解決することにウエイトがあるのか。
- ジャパン・イノベーションとして、世界に誇れる提案か。
- 現在の日本の国内事情から生まれた問題対処的提案として考えたときには、どの程度の有効性を有するか。
- 日本が掲げる環境政策との整合性はどうか。
- 10年程度のタイムスパンの中での政策なのか。100年のスパンを考えるのか。

ることがなくても、実現には結びつかなかったでしょう。

突破口《とっぱこう》

震災の少し前、2008年頃《ごろ》から、脇本《わきもと》さんは、要請《ようせい》を受けて愛媛県今治市《いまばりし》のゴミ焼《しょう》却場《きゃくじょう》建設の問題に関わっていました。

ゴミ焼却場は、現代社会における逆説的存在です。多くの人々が生活する地域では、廃棄物《はいきぶつ》・ゴミを処理する施設はなくてはならない大切なものです。しかし、近隣《きんりん》の住民からは決まって建設の反対を受けます。それは有害物質の懸念《けねん》や、地域のイメージ低下、地価や物件の評価額の下落《げらく》を恐れるからです。

当初、脇本さんは、これは地元の今治市の問題で、すでに先行して進められていたこともあり、新しい火力発電のアイデアとはつながらないと考えていました。ところが、今治市の第1候補地が住民の承認を得られなかったことで、脇本さんのアイデアと結びつく可能性が出てきたのです。

それに加え、新たな焼却施設の建設について、行政に詳《くわ》しい「魂の学」の仲間に相談したところ、脇本さんが考えているようなトップダウンで進めるのではなく、ボトムアップのやり方で進める方がよいという助言をもらったことも後押しになって、今治市の担当者の方に話をしてみようということになりました。

話を聞きに来てくれた担当者の方に、「東日本大震災のこと、また今後起こり得る南海トラフ地震のことを考えると、ゴミ焼却場の発電機能を向上させることが、ものすごく重要ではないか」と新しい焼却場の提案についてお話しすると、「ぜひ、今治市でやりたい」いうことになり、次の審議会《しんぎかい》への提案書に、今治市として「発電ができ、震災に耐《た》え得る焼却炉をつくりたい」という1項目が加わることになりました。

すると、審議会では、「市がそう考えるならやりましょう」という結論になり、とんとん拍子《びょうし》に、事態が実現に向かって動き出したのです。

指導原理《しどうげんり》の風

「見《けん》」から「観《かん》」のまなざしで事態を見つめ直した脇本《わきもと》さんは、市の職員と一緒に震災に耐《た》え得る焼却炉《しょうきゃくろ》の機能を追求してゆく中で、新しいゴミ焼却場について、3つの柱を描きました。

①廃棄物《はいきぶつ》を安全かつ安定的に処理する施設

脇本さんから新しいゴミ焼却炉の計画の説明を聞き、その本来の青写真実現のために、必要な視点や考え方を伝授してゆく著者。長年にわたって著者の導きを受けてきた脇本さんは、単なる学者から、社会にはたらきかける研究者に変貌していった。

②地域住民に安心を与える施設（発電と避難所）
③安全教育ができる施設
複合機能を備えた焼却場としての「青写真」が見えてきたのです。

その案が定まってゆくと、県知事からも、「新しい21世紀型のゴミ処理施設のモデル、今治《いまばり》モデルとなるように検討してほしい」と後押しを頂きました。

しかも、その動きとともに、電力買い取りの法制度が成立したために、ゴミ焼却場での火力発電が収益《しゅうえき》を生む見通しとなり、かつ、環境省からは代替《だいたい》エネルギー施設の補助金が出て、ますます建設の条件が整ってきたのです。

さらに、「電力の供給ができる。備蓄《びちく》食品や飲料水があり、避難《ひなん》もできる」ということで、周辺地域の住民にも安心を与え、支持される施設に変貌《へんぼう》してしまいました。

まるで、「NO《ノー》」ばかりだったオセロの駒《こま》が、次々に反転して「YES《イエス》」に変わり、自然に道が開いていったかのようです。

ものごとに取り組むとき、企画や計画の段階では完璧《かんぺき》に思えても、いざ実行してゆくと、様々な問題や思わぬ障害が現れてきます。「必ず現れる」と言っても過言《かごん》ではありません。それは、この世界は、心に刃《やいば》を突きつける「忍土《にんど》」であり、そこには、私が

「崩壊《ほうかい》の定《さだめ》」「不随《ふずい》の定」と呼ぶ条件があるからです。

「崩壊の定」とは、秩序から無秩序への強い流れ。この世界にあるすべてのものは、何もしなければ確実に古くなり、劣化《れっか》して、錆《さ》びつき、朽《く》ち果《は》ててゆきます。

また、「不随の定」とは、文字通り、自分の思い通りにはならないということです。自分の意図《いと》通りに理解してもらえることは難《むずか》しく、自分に問題がないように思えても、突然、思わぬところから障害が生まれてくる……。

脇本さんの場合もそうでした。

この世界で生きるとは、この2つの定《さだめ》の下《もと》に生きなければならないということ。

しかし同時に、世界には、これらの定を超える力もはたらいているのです。

それは、「青写真」を実現しようとする私たちを支え、導《みちび》く力です。必要な出会いへと導かれたり、後押ししてくれる助力者が現れたり、なかなか整わなかった条件が時を合わせるように整ったりする――。

私はそれを「指導原理《しどうげんり》」と呼んでいます。

まさにこのとき、脇本さんに指導原理の風が吹いたのです。

それは、脇本さんが「青写真」にアクセスすることができた証《あかし》でしょう。

今治市クリーンセンター（バリクリーン）。「安全・安心で人と地域と世代をつなぐ」を基本コンセプトとする21世紀のごみ処理施設のモデル。バリクリーンの愛称は、多くの市民からの募集、市内小学校6年生の投票によって決定された。

そして、施設は無事に完成し、2018年3月31日、今治市クリーンセンターとして稼働《かどう》を始めました。それは、脇本さんが描いた青写真が1つの具体的な形に結晶化《けっしょうか》したことを意味しています。

しかし、脇本さんは、これで終わったとは思っていません。

わが国は、世界有数の地震国。しかも、近い将来、南海トラフ地震や首都圏《けん》直下型地震が高い確率で起こることが喧伝《けんでん》されている。なのに、まだ今治モデル1つしかできていない――。脇本さんが願う最終的な青写真の成就《じょうじゅ》は、まだ遥《はる》か先なのです。

「脇本《わきもと》忠明《ただあき》ただ1人」

ここまで読まれた読者は、脇本さんという方は、社会の問題にビビッドに反応し、必要ならば、自ら率先《そっせん》して動く行動的な科学者だと思われるでしょう。

確かに、飄々《ひょうひょう》としたユーモアを湛《たた》えた人柄《ひとがら》のどこにこれほどの追求心が宿《やど》っているのだろうと思うほど、脇本さんは困難な現実に負けず、様々な方にはたらきかけ、1つの現実を結晶化《けっしょうか》させせました。

では、脇本さんは、初めから社会的な問題に積極的にコミットしてゆく学者だったのでしょうか。

そうではありません。かつての脇本さんは、どちらかと言えば、「行動しない」学者でした。「社会に直接コミットするのは学者の仕事ではない。学者は学者の分《ぶん》を守って生きてゆくべきだ」と思っていたのです。

1990年、愛媛県川之江市《かわのえし》（現・四国中央市）で猛毒《もうどく》の物質ダイオキシンが海水から検出《けんしゅつ》されたときのこと――。当時、日本のダイオキシン研究の第一人者だった脇本さんは、地元に近い愛媛《えひめ》大学教授だったこともあり、市沿岸の瀬戸内海の水質検査を要請《ようせい》されて実施。科学者・研究者として、検出されたダイオキシンのデータを公表しました。ところが、それをマスコミが大々的に報道したために、市民や漁業関係者がパニックになり、大騒動《おおそうどう》になってしまったのです。

漁協からは「こんなことを発表されたら困る。いったい自分たちの生活をどうしてくれるんだ」と抗議《こうぎ》が入り、市民団体からは「もっと事実をありのままに伝えてほしい」と突き上げが来るといった始末《しまつ》。自宅にまで抗議の電話がかかってきました。

脇本さんは、その状況に大変困惑《こんわく》しました。

自分はあくまで研究者として正確なデータを発表しただけ。それなのに、何でこんな仕打《しう》ちを受けなければならないのか。こんな騒動《そうどう》に巻き込まれて迷惑《めいわく》であり、理不尽《りふじん》な想いでいっぱいだったのです。

「魂の学」を実践《じっせん》する方々は、何か問題が生じたり、新たな挑戦《ちょうせん》に向かったりするとき、「ウイズダム」というメソッドに取り組みます。目の前の事態に向き合い、自分が本当に願っていることを確かめ、それに照《て》らして、現状と自分の意識を点検し、新たな道を模索《もさく》してゆくステップです。

川之江のダイオキシン問題に対する説明会が開かれることになり、それに臨《のぞ》む脇本さんも「ウイズダム」のシートに取り組みました。ところが、その氏名を書く欄《らん》に、氏名だけではなく、無意識に「脇本忠明ただ1人」と記《しる》していたのです。

脇本さんは、それほど、言葉にはならない疎外感《そがいかん》でいっぱいでした。誰《だれ》の援護《えんご》もなく、自分1人が矢面《やおもて》に立たされているような想いだったのです。

ベトナムでの原体験《げんたいけん》

その説明会の直前、私は脇本《わきもと》さんにお会いしました。

脇本さんが、間違いなく、人生の大きなターニングポイントにさしかかっていると感じたからです。未来から見て、今、どうしてもお伝えしなければならないことがあると思ったのです。

「脇本さん、心配していました。『脇本忠明《ただあき》ただ1人』という声が聞こえてきましたよ。でも、脇本さん、いろいろなことを考える前に、思い出していただきたいんです。脇本さんは、なぜ環境問題の研究者、ダイオキシンの研究者として歩んでこられたのかということを――」

脇本さんは、長らく環境問題に関わってきました。その大きな節目《ふしめ》の1つが、ベトナム戦争で使用された大量の枯《か》れ葉剤《はざい》の環境への影響調査でした。

長年にわたって続いたベトナム戦争は、当初、軍事力と経済力において圧倒的《あっとうてき》に勝《まさ》るアメリカ軍の支援《しえん》を得た南ベトナムが早期に勝利するとみられていました。

ところが、戦争が始まると、北ベトナム軍は森林地帯でのゲリラ作戦を進め、形勢《けいせい》を逆転してしまったのです。

アメリカ軍は、森林に潜《ひそ》むベトコンに苦しみ、多くの痛手《いたで》を被《こうむ》りました。その脅威《きょうい》を排除《はいじょ》するために大量の枯れ葉剤を投入。森林そのものを枯らして、さらにナパーム弾《だん》によって焼き尽《つ》くしてしまおうとしたのです。

その結果、枯れ葉剤に含まれる猛毒物質ダイオキシンが、周辺の環境生態系のみならず、多大な人的《じんてき》影響を及《およ》ぼしてゆきました。

戦争終結後、脇本さんはベトナムに入り、その実状を調査しました。

その中で、決して忘れられない光景を目にします。

ホーチミンのツーズー病院の地下に、ホルマリン漬《づ》けにされた何百体という奇形《きけい》の胎《たい》児《じ》の標本《ひょうほん》が、所狭《ところせま》しと保管されていたのです。

言葉にならない戦慄《せんりつ》が走りました。ダイオキシンの恐ろしさを目の当《まあ》たりにした衝撃《しょうげき》。それは、脇本さんが環境問題に向かう1つの原体験《げんたいけん》となりました。

「あのとき、脇本さんは強く思った。『このままいくと大変なことになる。次は日本だ。何とか日本の人たちを守らなければならない』。そういうお気持ちで、ダイオキシン研究を始めた。その強い想いが出発点でしたね……」

卵の殻《から》の突破

その願いを思い起こすところから、私は、脇本さんと一緒に今、まさに目の前にある問題について考えていったのです。やり取りの中で、私は、1個の卵を持って次のようなことをお伝えしました。

——脇本さんは、この騒動《そうどう》の中でこう思っていましたね。「研究者というのは、対象を科学的に探究し、その状況や原因を正確に把握《はあく》する。そこには何の思惑《おもわく》もない。科学的な事実から生じる社会的な動揺《どうよう》は、研究者がコミットすることではない」。

恩師《おんし》の先生たちからも、「新聞に載《の》るような仕事はするな。『ネイチャー』に載るような仕事をしろ」とよく言われていました。

確かに、もともと研究者は、そこから出発したかもしれない。でも、「事実を指摘《してき》するところまでが研究者の仕事」だとしたら、それは、この卵の殻ではないでしょうか。「卵の殻」とは、言うならば、業界の1つの「地」——「研究者、学者とはこういうもの」という常識や約束事。

研究者や科学者は、対象について科学的な探究を行い、その結果を発表します。それが守られることは大きなこと。だから、研究者の分《ぶん》について明確にしておくことは、それを守る大切な殻であると言えます。

でも、社会が抱《かか》える問題や状況について、確かで深い知見《ちけん》を持っているのが研究者、科学者であることも事実。多くの人々が、そうした知見を持った人がその事態に対して、どう考えているのかを知りたいと思うのも自然なことです。そうした要請《ようせい》に対して、どこまで応《こた》えるのか――。卵の殻は何のためにあるのでしょうか。それは、中身を守るため。けれども、やがて生命は成長し、その殻を破って外の世界に出てゆきます。

もし、その殻が硬《かた》すぎたら、殻の中だけで生活することになります。それは違うのではないでしょうか。誰《だれ》かがその殻を破って、はみ出す必要がある。脇本さんたちは、「自分は研究者」という殻にただ閉じこもってはいけないと思うんです。

職業には、それぞれの殻があります。漁師は漁師、行政は行政、企業は企業、科学者は科学者の殻の中にいる。今、社会は多くの問題を抱えています。それを解決するには、様々な人や力を結びつけることが必要。だから、それぞれが殻を破って、未踏《みとう》の領域《りょういき》でネットワークをつくることが本当に大切ではないかと思うんです。――

脇本さんは、何度も大きく頷《うなず》いていました。

重苦しかった表情はどこかに吹き飛び、まったく変わっていました。

歩むべき未来が見えてきた感じがしたのです。

「本当に守りたいのは海、そして川之江《かわのえ》の人々。自分がダイオキシン研究を始めたのは、日本の人々を守りたかったから。まずその願いがある――。だとしたら、環境汚染の問題に対して、自分は科学者・研究者としてベストを尽くしながら、その枠《わく》を超えて、本当に守るべきものを守るために行動しよう」

脇本さんは、そう決心したのです。

もし、この出会いがなかったら、「説明会は弁明《べんめい》の説明会になっていただろう」と脇本さんは言われました。

10年法則の結実《けつじつ》

以来約10年、脇本《わきもと》さんは、積極的にダイオキシンの環境問題に取り組んでゆきました。研究のみならず、その殻《から》を破って、いろいろな人たちと関わってゆきました。

多くの学会に参加し、ダイオキシンの問題について議論したり、一般の方々の場に出かけていって話をしたり、マスコミと連携《れんけい》したり、行政とミーティングをしたり、様々なレベルで事実をお伝えし、ダイオキシンに対する理解を深めてゆく努力を重ねていったのです。

その結果、かつてはダイオキシンと言っても誰《だれ》も知らなかった状況が大きく変わりました。1997~98年にはダイオキシンに関する出版件数がピークとなり、その後の数年にわたって、インターネットのワードの検索件数《けんさくけんすう》もピークになりました。

もちろん、それにはマスコミの助力や社会全体が環境問題への関心を深めてきた背景があります。しかし、同時に、脇本さんたち研究者の努力なくして、そうした現実が生まれなかったことも事実なのです。

そして、1999年には、ダイオキシン類対策特別措置法が制定されました。

10年法則という言葉があります。それは、どんなものごとも、どんな才能や技量《ぎりょう》も、10年という歳月《さいげつ》をかけて努力を続けたとき、1つの結晶化《けっしょうか》を起こす——。スポーツでも、芸術でも、学問でも、成長のための訓練や練習を毎日繰《く》り返し積み重ねることで、「本物」になるという法則です。

脇本さんも、川之江《かわのえ》の事件以来約10年、ダイオキシン研究とその周知《しゅうち》活動に尽《つ》くした結果、社会の認知と環境問題への関心の深まりという結晶を生み出したのです。

もちろん、それはなりゆきではありません。本人の中にその必然が生まれなければ、何の力にもならないのです。

それは、殻を破った脇本さんの自己変革によって生み出された10年であり、人生の青写真へのアクセスによって生み出された10年だったのです。

しかし、その歩みはまだ終わりではありません。

「崩壊《ほうかい》の定《さだめ》」「不随《ふずい》の定」に対峙《たいじ》する

次なる10年――。それは、脇本《わきもと》さんにとって困難な10年でした。

ダイオキシン研究を続けながら、その成り立ちを考えれば考えるほど、それがゴミの問題、廃棄物《はいきぶつ》の問題であるという事実に行き着きました。

ゴミを出すのは、数多くの生物の中で人間だけです。その中から猛毒《もうどく》の有害物質が生まれてくる。ダイオキシン問題は、ゴミ問題・廃棄物問題の子ども――。

脇本さんは、「たとえダイオキシンの問題を解決しても、次の汚染《おせん》物質がきっと出てくる」と考えたのです。

それゆえ、ダイオキシンの問題に取り組むなら、それを包括《ほうかつ》するゴミの問題、廃棄物の問題に、より大きな関心を向けなければならないと思いました。

しかし、現実の問題に取り組むことは、先に触《ふ》れたように、この世界の条件に向き合うことでもあります。「青写真」の具現《ぐげん》を阻《はば》む「崩壊の定」「不随の定」の力に直面することになるのです。

この時期、脇本さんは、焼却炉《しょうきゃくろ》についての知見《ちけん》を深め、有害な物質を一切排出《はいしゅつ》しない焼却炉の設計を進めながらも、巨大な見えない壁に突き当たったかのようでした。

この時期ほど、脇本さんが、環境問題の難《むずか》しさを実感したときはありません。

「ゴミ問題は、法律をつくっても、本当の意味では解決しない。それは1人ひとりの意識の問題にほかならない」

環境問題は、あまりに問題が広大で、当事者が明確になりにくいものです。いったい、誰《だれ》のどの行動がこの現実に結びついているか、明らかにはならない。問題があるのはわかっていても、原因と責任が見えにくい。具体的に動こうとすればするほど、壁が立ちはだかりました。

行政も、環境に関しては後ろ向きになりがちで、研究予算もどんどん削《けず》られている。温暖化の問題でも、環境汚染でも、大《たい》したことはないという言説《げんせつ》が世の中に流される。気温の変動があることで、「温暖化なんて嘘《うそ》じゃないのか」「ダイオキシンの問題で死んだ人間がいるのか」……など、今までの警告を無視するような、誤った内容の本も出版されている。

本当に1人ひとりが意識を変えて当事者として取り組まない限り、問題は解決しない。

でもそれは現実的には不可能——。これまで全力で環境問題に関わってきた脇本さんだからこそ、絶望的にもなりました。２００６年、大学の教授職を定年で退官した脇本さんの中に「環境問題はもう卒業かな……」という気持ちがよぎったのです。

準備の10年

脇本《わきもと》さんがもっとも苦しんでいたとき、苦悶《くもん》のお手紙を頂きました。

その直後にお会いし、私がお話しさせていただいたのは、環境問題は、間違いなく脇本さんの人生のミッションであるということでした。

そして、人間の生命活動について、分子生物学の成果《せいか》を踏《ふ》まえた細胞内のお話。

細胞の中にはミトコンドリアという組織があります。それは生命活動を活性化する細胞内の小組織で、生体内ではきわめて有害な酸素を利用してブドウ糖を二酸化炭素と水に分解し、その反応によって、ＡＴＰ（アデノシン三リン酸）というエネルギー伝達物質を生み出すはたらきを持っています。

そんな精緻《せいち》で智慧《ちえ》深いしくみを数え切れないほど抱《いだ》いている生命の神秘——。そこから、私は、人間の生命を侵《おか》すがんのことに触《ふ》れてゆきました。

現在のがんの治療法は、抗がん剤によって叩《たた》く。また、栄養を制限して、がん細胞の増殖《ぞうしょく》を抑《おさ》えるということが治療方針として選ばれることがある。しかし、考えてみるならば、生きている人にとって、がん細胞は、多くの場合、ごく一部に過ぎない。ならば、健康な細胞をより確かにすることによって、がんを抱《かか》えた生命全体に影響を与えることはできないのか……。

農学部の出身で、生命の様々な機構について学ばれてきたこともあり、脇本さんは、本当に懐《なつ》かしそうに目を輝《かがや》かせていました。

私がなぜミトコンドリアやがんの話をさせていただいたのか——。それは、直観のように降りてきたものです。人間の身体《からだ》に生じるがん。それと同じように、人間の社会にも闇《やみ》の現実が生じているからです。脇本さんが向き合ってこられた環境問題、廃棄物《はいきぶつ》の問題もそうです。

そのあまりに複雑で膨大《ぼうだい》な困難を前にして、ニヒリズムが頭をもたげたとしても何の不思議もありません。それでなくても、唯物的《ゆいぶつてき》な世界観が蔓延《まんえん》する時代です。

それでも、それを何とか解決しようとするエネルギーを注《そそ》ぐ必要がある。がんを抱《かか》えた身体《からだ》の正常な細胞に力を与える必要があるように、闇《やみ》を抱《かか》えた世界にも、光に向かおうとするエネルギーが必要であり、そのエネルギーが新たな現実を生み出してゆく。
私と話し合ううちに、脇本さんの中に1つの想いが湧《わ》き上がってきました。
「あまりに動かしがたい問題がある。でも、だからこそ、それに対峙《たいじ》し、それを解決しようとする人間が1人でも多く必要なんだ」

「困難さばかりを見るのではなく、今、必要な呼びかけに応《こた》えてみよう」

脇本さんは、今まで見ていなかった世界を垣間《かいま》見たように、今まで使ったことのない力を得たように感じました。いいえ、本当は知っていたのに、心の底に忘れてきてしまった人生を思い出したように、「もう1度、廃棄物の問題に取り組みたい」と思われたのです。

忍土《にんど》の負《ふ》の力にさらされていても、テーマに向かうエネルギーを持続し、両足を踏《ふ》ん張《ば》っていた時期——。それは、次なる10年のための準備の時間でもあったのです。

人生の青写真——世界と共に歩む研究者

そして、その脇本《わきもと》さんが次の10年の最初に出会ったのが、先に触《ふ》れた今治市《いまばりし》の焼却場《しょうきゃくじょう》建設でした。2008年のことでした。

今治市の担当者から、焼却場建設の問題について、「手伝ってほしい」と協力を要請《ようせい》されたのです。当初、この今治市の焼却場の問題は、今治市――脇本さんが生活している地域の問題でした。

しかし、その後、東日本大震災が起こり、事態の見え方は一変《いっぺん》してしまったのです。何よりも優先すべき課題は、震災に備えるすべての自治体に必須《ひっす》の発電力を持った焼却炉の建設でした。

各方面になかなか理解してもらえない状況が続く中で、その課題は、やがて今治市と1つに結びつくことになったのです。その後の歩みは、先述の通りです。

もし、脇本さんが、大学を退官した後、環境問題をあきらめてしまったら、どうだったでしょう。焼却炉の研究はなく、今治市の焼却場の完成もなかったでしょう。

重要なことは、あきらめなかったのは、**脇本さんの意志が強かったからではありません。脇本さんの人生にその必然があったからであり、それに応《こた》えたいと願ったからです。**

脇本さんは、環境問題に取り組む研究者として出発しました。社会的な問題には直接関わることなく、純粋《じゅんすい》に事象を研究する研究者として――それが、求めていた「研究者像」のはずでした。

しかし、不本意ながら巻き込まれたダイオキシン騒動《そうどう》。

未来のために、多くの奇形児《きけいじ》に衝撃《しょうげき》を受けたベトナムでの原体験《げんたいけん》――。

その中で、脇本さんは、「日本の人々を守りたい」という願いを蘇《よみがえ》らせました。

以来、脇本さんは、研究に没頭《ぼっとう》するだけではなく、環境問題解決のために、自分ができる形で、社会にはたらきかける研究者として歩み始めたのです。

ダイオキシンの元にあるゴミ・廃棄物の問題に分け入ったことも、社会に蔓延《まんえん》する環境問題に対する逆風に向き合ったことも、東日本大震災を機に、災害時に発電できる焼却場を住民の避難所《ひなんじょ》、教育の場として設計したことも、すべては「この国とそこに生きる人々を守りたい」という願いから生まれた行動です。

その歩みは、まさに世界と共に歩む研究者――。

それこそ、脇本さんの「人生の青写真」にほかならないでしょう。

私がそう思わずにはいられないのは、実は、脇本さんの人生にはもう1つの試練があるからです。

人生の途上《とじょう》で生まれ変わった

この20年間――。それは、脇本《わきもと》さんにとって、闘病《とうびょう》の日々でもあったのです。腎臓透析《じんぞうとうせき》を始めたのが1996年。それ以来ずっと透析を続けてきました。週に3回、病院に通い、1回4時間の処置を受ける――。それだけでも大変な負担《ふたん》です。

さらに、4年前には大腸がん、3年前には肝臓《かんぞう》がん、1年前は肺がんと、つらい手術を何度も受け、がんの治療を続けてきたのです。

川之江《かわのえ》事件よりもずっと前、初めて脇本さんにお会いした頃《ころ》、私は、感じるところがあって、脇本さんにこう尋《たず》ねたことがありました。

「脇本さん、何か、お守りのようなものがいくつも見えますが、それは何ですか?」

すると、脇本さんは、苦笑しながらこう言われたのです。

「いやあ、まいりました。先生には何でも見えちゃうんですね。実は、お守りを身につけているんです……」

脇本さんは、小さい頃《ころ》から怖《こわ》がりな性格でした。痛いのも嫌《きら》い、怖《こわ》いのも嫌い。そして、病気にならないように、悪い運がつかないようにと、科学者でありながら、首からいくつものお守りを下げていたのです。

しかし、どうでしょう。今の脇本さんには、その片鱗《へんりん》もありません。

自らの「人生の青写真」にアクセスした脇本さんは、まったくの別人です。

病を抱《かか》えながら、それを感じさせないダイオキシンの研究、ゴミ・廃棄物《はいきぶつ》との闘《たたか》い。

そして、あきらめずに新しい焼却場《しょうきゃくじょう》の完成に向かう行動――。

脇本さんは、２０１７年12月にも、臀部《でんぶ》にできた腫瘍《しゅよう》の手術を受けました。

そのときも、「また手術しました。今は動けませんが、すぐカムバックします」というメールが送られてきました。

「先生、大丈夫です」と明るい声で笑っている脇本さんの様子《ようす》が蘇《よみがえ》ってきます。

痛いのは嫌、怖いのも嫌、大変なことは困る……。そんな脇本さんは、もうどこにもいません。そのことに意識が向かないからです。

脇本さんが見ているのは、応《こた》えるべきテーマであり、自らの使命だけです。

今、脇本さんが思っていること――「欲を言えば、もう少し時間がほしい」。それは、自分が願ったことを少しでも現実にして、「人生の青写真」を成就《じょうじゅ》し、使命を果《は》たしてゆきたいからなのです。

あなたの人生の青写真

山あり、谷ありの脇本《わきもと》さんの人生は、決して一本調子で坂を上《のぼ》りつめてゆく順風満帆《じゅんぷうまんぱん》の人生ではありません。もし、「最高の人生」に至《いた》るために、1回の失敗も許されないとしたら、脇本さんの人生は、到底《とうてい》、「最高の人生」と呼ぶことはできません。

しかし、読者の皆さんは、もうお気づきでしょう。**脇本さんの人生を、あの形にならしめたものは、むしろ失敗や障害、ときには挫折《ざせつ》でさえあったということなのです。**

それらすべてがそろって初めて、そこに現れたものが脇本さんの人生なのです。

脇本さんは、環境科学の専門家として、数多くの実績を残してこられました。しかし、脇本さんの人生がまばゆい輝《かがや》きを放っているのは、その実績によってだけではありません。ましてや、誰《だれ》かの人生と比較してのことではありません。

脇本さんの人生を振り返ってみれば、それはベトナムでの原体験《げんたいけん》から始まり、川之江《かわのえ》事件から、「脇本忠明《ただあき》ただ1人」のウイズダムへ、そしてその後のダイオキシン問題の社会化への取り組み、さらには東日本大震災の体験に端《たん》を発した新しいタイプのゴミ焼《しょう》却炉《きゃくろ》の開発――。その間に、病という試練との対決もありました。

その人生の輝きは、すべての出来事が1つの星座のようにつながり、そこに崇高《すうこう》な人生の「青写真」が浮き彫《ぼ》りになっているところから発しているのではないでしょうか。

脇本さんの人生がそうであるように、1人ひとりの人生に訪れる数え切れないほどの出会いと出来事が具現《ぐげん》しようとしている「青写真」があります。

ここで、あなたの人生を思い起こしていただきたいのです。

日々、繰《く》り返している日常――。それは、退屈《たいくつ》なものかもしれません。取るに足らないように見えるかもしれません。

しかし、あなたが、あなたとして、その人生を生きていることには、確かな意味があります。それを、ほかの誰かと比《くら》べることはできません。あなただけが持っている人生の形があり、あなただけが具現できる「青写真」が必ずあるのです。

それは、あなたがこれまでの人生で経験してきたすべて――成功も失敗も、苦しかったことも、楽しかったことも、光も闇《やみ》も、すべてを合わせたものが現そうとしているものにほかなりません。

人生の青写真は、今という一瞬《いっしゅん》からは想像できないかもしれません。それは、無数の経験のピースを集めたジグソーパズルが示す絵だからです。でも、人生を数十年生きてきたなら、もうあなたにはその手がかりが十分に与えられているはずです。

「青写真はある——」。ぜひ、その感覚を持ってください。

そのとき、あなたは、まっすぐに、現すべき「青写真」に向かってゆくことができるからです。

How to Make Your Life the Best

3章

カオスの発見——人生進化のスイッチを入れる

Chapter Three

まだ何の形も輪郭《りんかく》もなく、
様々な可能性と制約、
光と闇《やみ》を内に秘《ひ》めた混沌《こんとん》――カオス。
目の前の現実をカオスと捉《とら》えるとき、
その現実は「心」と連動し、浸透《しんとう》し合うものに変貌《へんぼう》する。
だからこそ、カオスの兆《きざ》しを読み、
そこに響《ひび》く「呼びかけ」を受けとめることが必要なのだ。
そこから「人生の青写真」具現《ぐげん》の道が始まる。
カオスは「最高の人生」へのスイッチにほかならない。

絶体絶命の事態

今、目の前に現れている現実——。

私たちは、その本当の姿を必ずしもよくわかっているわけではありません。

たとえば、1章で触《ふ》れた事態に対する「マルかバツか」のレッテル貼《ば》り。私たちは、自分の経験や通念《つうねん》から、「これはうまくゆく」と思うと、「大丈夫《だいじょうぶ》」と安心してしまい、「難《むずか》しい」と思うと、「もうダメだ」とレッテル貼りをして、可能性が見えなくなってしまいます。

しかし、目の前の「現実」は、相当な変動の幅《はば》を抱《いだ》いたものなのです。

例を挙《あ》げましょう。今から16年前、小樽市《おたるし》のビル管理会社に勤務していた浅村公二《あさむらこうじ》さんは、文字通り「どうにもならない現実」に直面しました（詳《くわ》しくは拙著《せっちょ》『未来は変えられる！』三宝出版、3章を参照）。

小樽市の駅前開発は、もともと1970年代に市と民間の協同で進められ、新しい3つのビルが完成、市の活性化に大きな役割を果たしました。

しかし、30年近い歳月《さいげつ》を経《へ》て、建物は老朽化《ろうきゅうか》。再々開発による建て替《か》えの必要性が叫《さけ》ばれるようになりました。

その最初の取り組み、小樽駅前第3ビルの再々開発の実質的な責任者となったのが浅村さんでした。ところが、1990年代後半にスタートした再々開発は、やがて絶体絶命と言っても過言《かごん》ではないほど、危機的な状況に陥《おちい》っていたのです。

暗礁《あんしょう》に乗り上げたもっとも大きな理由は、メインのテナントであるホテルが2002年に営業停止に陥《おちい》ったことでした。

それでなくても支払いが滞《とどこお》り、光熱水費《こうねつすいひ》含めて、相当額の滞納金《たいのうきん》が生じていて、実際の建て替え時点では、2億円を優に超える額になっていたのです。しかも、ホテルの退《たい》去《きょ》に伴《ともな》い、開業していたテナントも続々撤退《てったい》。駅前ビルの収支は悪化の一途《いっと》をたどってゆきました。

それだけではありません。ホテルの所有権が反社会的勢力の手に渡ったことによって、問題は複雑化。浅村さん個人に対する誹謗中傷《ひぼうちゅうしょう》から脅迫《きょうはく》まで飛び出す始末《しまつ》で、解決の見通しは一向《いっこう》に立ちませんでした。

再開発事業は、もともと地権者《ちけんしゃ》の意向をとりまとめ、地域住民の同意を得ることに多大なエネルギーが必要となります。この案件も、文字通り問題山積《さんせき》の状況でした。

主な問題だけでも、①立て替え費用60億円の工面《くめん》、②権利調整の難航《なんこう》、③周辺区域住民の立ち退き及《の》び一時的な移転、④代替店舗《だいたいてんぽ》・代替地の確保、⑤休業補償《ほしょう》の手当、⑥ホテルの滞納金2億4000万円の回収、⑦市民プール閉鎖《へいさ》に対する反対運動、⑧歩道橋撤去《てっきょ》に対する異議《いぎ》、⑨繰《く》り返されるホテル売却《ばいきゃく》の白紙撤回《てっかい》、⑩ホテル所有権に関する暴力団関係者との交渉《こうしょう》、⑪当初予算60億円がプラス7億円に膨張《ぼうちょう》、⑫関係者が相次《あいつ》いで心身の不調を訴《うった》えて離脱《りだつ》。……

いかがでしょう。容易には解決しない12もの大きな問題が生じていたのです。

そして、この問題に関わるすべての人が「これは無理。解決できない」、そう断言していたのです。

あり得ない展開・奇跡の顛末《てんまつ》

浅村《あさむら》さんも当初は、いったいどこから手をつけてよいのかわからず、途方《とほう》に暮《く》れていました。しかし、「魂の学」を学んできた浅村さんは、事態を決めつけることなく、「必ず1つは最善《さいぜん》の道がある」ということを信じて、まず、テナントの皆さんなど、すべての関係者の話に耳を傾《かたむ》けることにしました。

これは、**「聞く行《ぎょう》」**と呼ばれるプロセスで、先入観を排《はい》して、関係者に事実と想いをよく訊《たず》ねて聴《き》くことによって、事態をあるがままに捉《とら》え直す歩みです。

一見、遠回りに見えるこの取り組みを通じて、様々な事実や背景とともに、浅村さんに見えてきたことがありました。

それは、関わる人の誰《だれ》もが問題の解決を望んでいるということです。

自分たちを糾弾《きゅうだん》してきたり、要求を突きつけてきたりして、一見、利害が対立している相手も、敵対関係にあるわけではなく、問題の解決を本当に望んでいる同志だと受けとめることができたのです。

「関わるすべての人が、問題の解決を望んでいる同志なんだ」。心の底から、そう思えたとき、浅村さんは、事態を光の方向に動かすエネルギーを実感しました。不思議なことに、そのことをきっかけにして、事態は本当に解決へと進み始めたのです。

幾多《いくた》の紆余曲折《うよきょくせつ》がありましたが、何年もの調整と努力の結果、２００９年、新たなホテル、マンションを核《かく》としてオープンの日を迎えることができました。

その後、浅村さんは、残務《ざんむ》整理に追われながら、同時に国土交通省からの依頼《いらい》で自ら成《な》し遂《と》げた再々開発の事例を発表し、その体験と知見《ちけん》を多くの方々に伝えてきました。

再々開発後の小樽駅前第３ビルの前に立つ浅村さん（左）。
その再々開発は文字通り「奇跡の物語」だった。残る第
１ビル、第２ビルの再開発も、小樽市を愛する浅村さんに
とってかけがえのないミッションワークにほかならない。

浅村さんは、自治体が抱《かか》える再々開発の問題解決のエキスパートとなったのです。

そして、２０１２年、３つあるビルの残りの第1ビルと第2ビルの再開発検討会議を、国交省《こっこうしょう》やコンサルタントらと協議し、計画案の作成をスタート。

２０１７年には、小樽《おたる》駅前第1ビル周辺地区再開発準備組合の理事長に就任《しゅうにん》。元副市長も同志になって、専務理事を引き受けてくれることになりました。

２０１８年12月1日には、公開シンポジウムを開催予定。８年後の完成をめざして、計画は少しずつ前進しています。

この実践《じっせん》の最初の段階――。12の問題が突きつけられていた絶体絶命の危機の中にあったときに戻《もど》って考えてみれば、これは、あり得ない展開、奇跡の顛末といってよいでしょう。

しかし、残る第2ビルの再々開発も待たれていて、浅村さんには休む時間はありません。小樽駅前の再々開発は、小樽市を愛する浅村さんにとって、かけがえのないミッションワークとなったのです。

それはカオスだった！

解決の見通しがまったくなかった問題が、解決してゆくだけでなく、多くの人々が目を見張《みは》るほどの成果《せいか》となって結晶化《けっしょうか》する――。

しかし、このようなことは、考えてみるならば、ほかにもあるのです。プロローグに取り上げた4名の方々の人生はみな、まさにそうした一面を映《うつ》し出しています。

突然、左足を切断した大山敏恵《おおやまとしえ》さんの深刻《しんこく》な危機。

東日本大震災で最愛の妻や友人を失った佐々木一義《かずよし》さんの絶望。

幼い頃《ころ》に聴力《ちょうりょく》を失った松橋英司《えいじ》さんのハンディキャップ。

次から次に試練を抱《かか》えた折原清右衛門《おりはらせいうえもん》さんの呪《のろ》われた運命。

それぞれの人生は、マイナスを逆転するばかりか、それを経験したからこその輝《かがや》きを放《はな》っています。

1章の菊地《きくち》さんが、東日本大震災の被災地支援のコンサートで直面した絶体絶命の危機も同じです。2章の脇本《わきもと》さんが、かつて川之江《かわのえ》のダイオキシン事件で直面した困惑《こんわく》の事態、新たに企画した焼却炉《しょうきゃくろ》の計画の行き詰《づ》まりも同じだと言えるでしょう。

カオス

図 8

それらはみな、当初は、困難きわまりない、どうにもならない現実だったのが、それとはまったく異《こと》なる結果に結ばれているのです。

逆に、当初は、何の問題もなく順調に進むだろうと思われていた事態が失敗し、破綻《はたん》してしまうこともめずらしいことではありません。

これはどういうことなのでしょうか？

それらはみな、「カオス」だったということです。

カオスという言葉に初めて触《ふ》れた方もいるかもしれません。

カオスとは、まだ何の形も輪郭《りんかく》もなく、結果も結論も出ていない、様々な可能性と制約、光と闇《やみ》を内に秘めた混沌《こんとん》とした状態を指します（図8）。

もともとギリシア神話の原初神《げんしょしん》カオスが、その言葉の由来《ゆらい》です。**カオスは、宇宙開闢《かいびゃく》の直前、すべての光と闇、無《む》であると同時に一切《いっさい》の可能性を秘めたものと言える状態なのです。**

大前提《だいぜんてい》としてのカオスの特質――。それは、カオスは、「マルかバツか」を超える生き方を必然的に導《みちび》くというものです。

カオスを結晶化《けっしょうか》させる人間

多くの可能性と同時に多くの制約が秘められ、深い闇《やみ》からまばゆい光に至《いた》るまでの無限の階調《かいちょう》を持つエネルギーや、様々な人々や出来事とのつながりを内包《ないほう》しているカオス。そこから何が引き出されるかはわかりません。

浅村《あさむら》さんの実践《じっせん》を思い起こしてください。当初、再々開発の仕事は、よい話など1つもない、希望などどこにもない、絶体絶命の案件として浅村さんの前に現れました。つまり、この再々開発カオスは、当初、しかめっ面《つら》をして、恐ろしげな、何ともおどろおどろしい顔つきでやってきたということです。しかし、そのカオスは、浅村さんのその後の人生の可能性を開いてゆく、もう1つの顔をもっていたのです。

重要なことは、カオスから何を引き出すのかを決めるのは、私たちの「心」＝「受発《じゅはつ》色《しき》」であるということです。

「魂の学」では、「心」の実体を「受発色」という言葉で捉《とら》えます。「受」とは「感じ・受けとめる」受信のはたらき、「発」とは「考え・行為する」発信のはたらき、「色」とはその受信と発信から生まれてくる現実です。

カオスを光・闇に結晶化させる人間

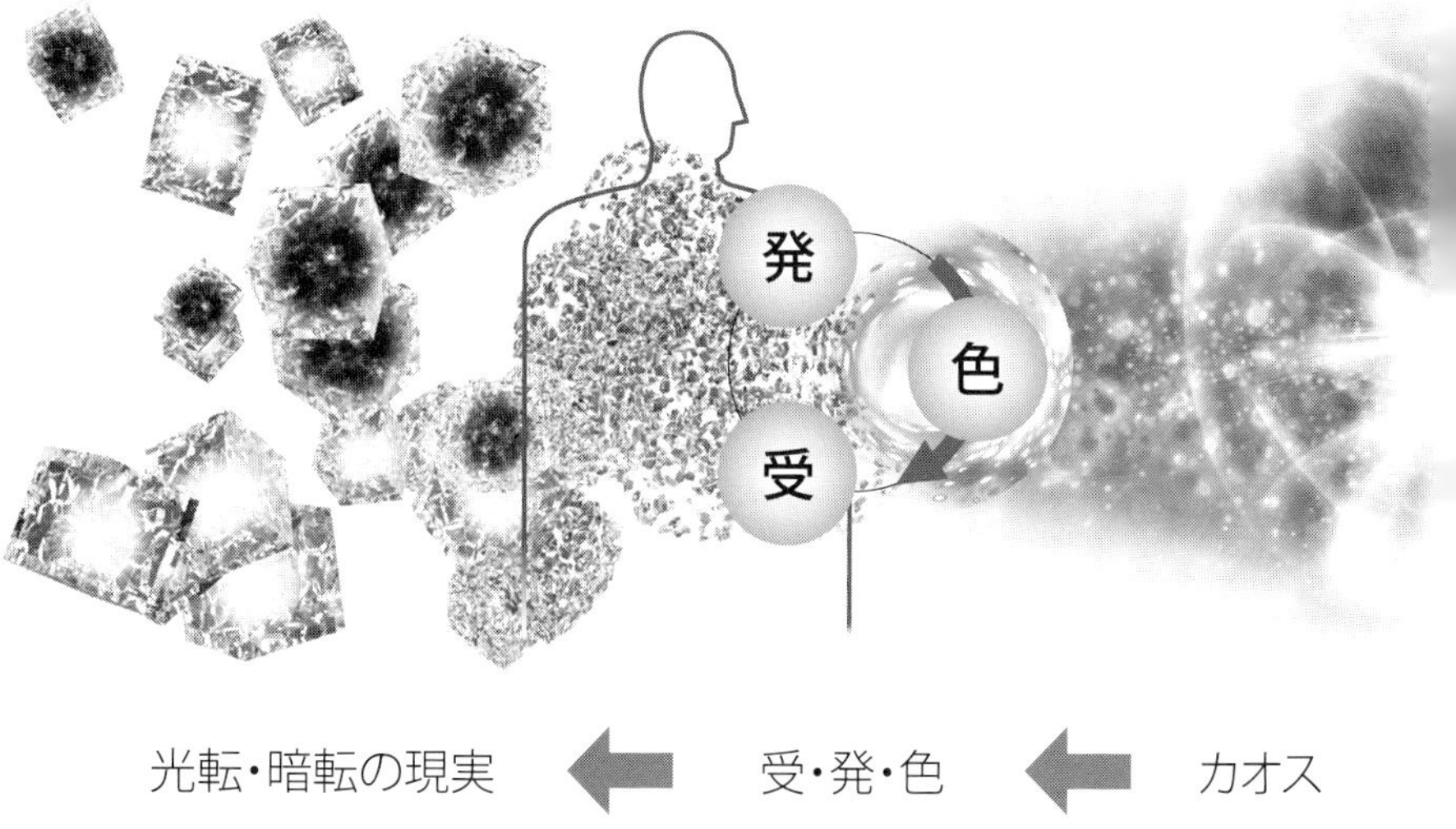

図 9

私たちは、日々の生活の中で、ものごとを「感じ・受けとめ」（受信）、「考え・行為する」（発信）ことを積み重ねて、様々な「現実」（色）をつくってゆきます。**カオスに私たちの「心」＝「受発色」が触《ふ》れることによって、1つの形が結晶化します（図9）。**結晶化することで、光になるか闇になるか、可能性を引き出すか制約を引き出すかが決まってしまう。

そして、**1度結晶化したら、もう元のカオスには戻《もど》らないのです。**

それだけに、私たちがカオスにどう触れるのかが決定的に大切です。

カオスは、常に私たちに問いかけています。

「あなたは、ここからどんな選択《せんたく》をしようとしているのか――」と。

カオスに向かうとき、私たちには、ごく表面的で先入観や思い込みに支配された選択から、常識的な選択、淡々《たんたん》とした事実に基《もと》づいた選択、そして時の流れによる変化過程や様々な相互《そうご》関係を踏《ふ》まえた選択、さらには人智《じんち》を超える神意《しんい》に応《こた》えるような深遠《しんえん》な選択まで、何通り、何十通りもの選択肢《し》があると考えていただきたいと思います。

どのような順番で、どんなタイミングで、どういうスケジュールで選択を連《つら》ねてゆくのか、それによって、カオスが結晶化させる現実はまったく異《こと》なるものになるのです。

カオスの4タイプ

もう少し具体的にお話ししましょう。

皆さんの人生にも、すでにたくさんのカオスが現れているはずです。

そのカオスを、実際に摑《つか》んでいただくために、ここでは、もっとも典型的《てんけいてき》なカオスの4つのタイプを紹介したいと思います。

タイプ1：イベントカオス

最初のタイプ1は「イベントカオス」です。これは、多くの方が「カオスが来た！」と感じるカオスらしいカオスです。会社で半年後に予定されている新製品の発表会、1年後に受験する大学入試、3カ月後に親戚《しんせき》が集まる法事《ほうじ》……といったように、これから先のスケジュールに記される行事やイベントなどの形で現れます。

そのイベントを迎《むか》えるまでの期間――いわば、そのカオスが未来にある間、そのイベントの結果は、成功するか失敗するか、歓《よろこ》んでもらえるか反感を買うか、高い評価を得られるか低い評価にとどまるか、様々な可能性を包含《ほうがん》しています。

しかし、当日《とうじつ》を迎《むか》え、そのイベントが終わった時点で、カオスは、私たちの過去に追いやられ、そこで1つの形に結晶化《けっしょうか》しているのです。

タイプ2：呼びかけカオス

タイプ2は、その多くが災害や事故、病気、失敗、挫折《ざせつ》など、試練としてやってくる「呼びかけカオス」です。これは、基本的には「イベントカオス」のように予定が決まっているわけでなく、突然、私たちに降りかかってくるカオスです。ただ、中には、いつの間《ま》にか、私たちに忍《しの》び寄ってくる呼びかけカオスもあります。

本書でご紹介してきた方々の実践《じっせん》の途上《とじょう》には、必ずと言ってよいほど、この「呼びかけカオス」が現れ、そこに光転の結晶化《けっしょうか》をつくり出していった軌跡《きせき》を確認することができます。

タイプ3：テーマカオス

タイプ3は、乗り越えるべきテーマ、新たに挑戦すべきテーマとして現れる「テーマカオス」です。たとえば、新しい技能を身につけたいという目標をもつことで、技能習《ぎのうしゅう》得《とく》カオスが生まれます。新しい人生のステージをめざして転職を志《こころざ》すなら、それも転職カオスというテーマカオスとなります。

重要なことは、先の「イベントカオス」や「呼びかけカオス」が、世界の側から私たちめがけてやってくるカオスであるのに対して、「テーマカオス」は、私たちの内側の目標やテーマによって生まれるカオスであるということです。

「イベントカオス」や「呼びかけカオス」が、外側、世界発のカオスであるのに対して、「テーマカオス」は、内側、私たち発のカオスと言うことができます。

言い換《か》えれば、「イベントカオス」や「呼びかけカオス」が、外から内（私たち）に向かって呼びかけてくる「アウトサイドイン型」であるのに対して、この「テーマカオス」は、内から外に向かってはたらきかける「インサイドアウト型」であるということです。

タイプ4：ご縁《えん》カオス

タイプ4は、人との出会い、つながりという姿で現れる「ご縁カオス」です。人生には、様々な方とのご縁、つながりが生まれます。

ある人との出会いが人生を大きく変貌《へんぼう》させることは、決してめずらしいことではありません。もしかしたら、その人は、私たちの人生の大切な助力者《じょりょくしゃ》になってくれるかもしれません。その人とのご縁を耕《たがや》すことができれば、後《のち》の私たちの人生に新たな流れや大きな広がりが生まれるかもしれないのです。

あなたの人生に、これら4つのタイプのカオスのいずれかが現れてはいないでしょうか。ぜひ、点検してみていただきたいのです。

カオス発想術の力――真の未来志向《しこう》への転換

目の前にやってくる現実をカオスと受けとめる生き方を、私は「カオス発想術」と呼んでいます。

カオス発想術には、いくつかの特徴――特別な力があります。

まず、**カオス発想術は、未来志向です。**人間は、常に過去を土台に考えます。過去があって今があり、今があって未来がある。そう考えることが自然です。そのために、いきさつに縛《しば》られ、過去のやり方を繰《く》り返すことにもなります。

ところが、カオス発想術は、そうした状況を一瞬《いっしゅん》にして変えてしまうのです。カオスは、過去からではなく、未来からやってくるものだからです。

たとえ過去のしがらみにがんじがらめになった事態でも、カオスと受けとめた途端《とたん》、それを未来に属するものとして受けとめる感覚を呼び起こすのです。

カオスには、未来から青写真やヴィジョンのかけらが流れ込んでいます。

事態をカオスと受けとめるとき、私たちはそこに実現されるべき青写真、ヴィジョンが秘められていると思うようになります。

すべてのカオスは、向かうべき場所、目的地をもっています。

私たちに必要なのは、それを発見し、現実の世界に引き出すことです。

仕事でも、人間関係でも、解決できずに重い経緯《けいい》を引きずってきたものであればあるほど、それをカオスと受けとめることは、新たな道を開く鍵《かぎ》となるはずです。

カオスと向き合い、そのカオスが抱《いだ》いている青写真を成就《じょうじゅ》するために、私たちは、自らに問いかけることになります。

ここには、どんな可能性、どんな制約が秘められているのだろうか。

このカオスの青写真は何だろうか。

その青写真に至《いた》るために必要なことは何か。目的地に向かうために、今、できることは何か――。

カオス発想術の力――世界との結合《けつごう》

そして、カオス発想術によって、大きく変化することがもう1つあります。

目の前の現実をカオスと受けとめた途端《とたん》、目の前の事態、出会い、出来事は、私たちと別々ではなくなります。それらは、私たち自身の「心」（内面）とつながったものとなるのです。

それはどういうことでしょうか。

通常、私たちは、目の前の対象と自分を切り離して考えます。何らか影響を与えているとしても、目の前の現実が私たち自身と1つになっているとは受けとめないでしょう。

しかし、カオス発想術は、あらゆる現実を、私たち自身と切り離すことなく、「心」とセットにして受けとめます。カオスと呼んだ途端、その現実は、私たちの「心」と連動するように形を変え、私たちの想いや考えと1つになります。私たちと区切りなく融《ゆう》合《ごう》し、浸透《しんとう》し合うものに変貌《へんぼう》してしまうのです。

「魂の学」を語る——5

徳《とく》田《だ》安《やす》春《はる》さん

群星《むりぶし》沖縄臨床研修センター長

NHK総合診療医ドクターG

医療の世界でも、「カオス発想術」が求められている

高橋先生が示される「カオス」を理解し、その発想によって、日々訪れる難題に挑戦することは、本人のみならず、周囲の人々にも大きな幸せをもたらします。

医療従事者には、多くの課題を抱えている人が少なくありません。しかし、その課題を「カオス」と受けとめ、そこから可能性を引き出してゆくことで、医療現場全体によき影響が波及し、結果として患者さんのケアの質がよくなってゆくと思います。

医療の安全性と質、患者さんの満足度を高めるためには、患者さんや医療従事者同士が良好なコミュニケーションを取ることが大切ですが、医療現場では様々な「カオス」が次々に襲ってきます。今、まさに「カオス発想術」をマスターした医療従事者が時代から求められていると思います。

カオスは、ただの現実ではありません。それ自体がエネルギー体であり、常に私たちの内面がもたらすエネルギーによって大きく変化するのです。

事態をカオスと捉《とら》えるとき、私たちは、自分がそのカオスに与える影響を考えないわけにはいかなくなります。自分の「心」（内面）がどういう影響を与えるのか、それを考えることが必須《ひっす》になるのです。

カオスに何のサインが見える?

カオスに形を与えるのは、私たちの「心」——。

カオス発想術は、人と現実を1つにする。だからこそ、「心」が重要です。

浅村《あさむら》さんの実践《じっせん》でお話ししたように、カオスはどんな顔つきで皆さんの前に現れてくるかわかりません。そのとき、そのカオスをどのような姿として捉《とら》えることができるかも、私たちの心にかかっているのです。

ところが、その心は、常にあるがままにカオスと向かい合えるわけではありません。誰《だれ》もが人生の中で、１つの癖《くせ》をもった心の回路をつくり上げているからです（心の回路については、拙著『「私が変わります」宣言』〔三宝出版〕などを参照）。

楽観的にものごとを見て安易《あんい》に取りかかってしまう人もいれば、慎重《しんちょう》に接するあまり悲観的になって足踏《あしぶ》みしてしまう人もいます。そして、同じような現実がやってくると、いつも同じ反応をしてしまう――。

心の回路の癖によって、カオスから歪《ゆが》んだサインを受け取ってしまうのです。

その結果、自分では、最大限の可能性を引き出しているつもりでも、まったくそれに反した関わり方をしてしまう。それでは、私たちがカオスを本来あるべき形に結晶化《けっしょうか》することは困難なのです。

成功のサイン

たとえば、「自分ならうまくできる」「自分が一番わかっている」という自信家で優位の想いが強い「快《かい》・暴流《ぼうりゅう》」という心の回路は、カオスに向き合うと、そこに、すぐ**「成功のサイン」**を見てしまいます。

「これなら簡単」「うまくいくはず」「腕《うで》の見せどころだ」……次々に可能性を見出《みいだ》せる心ですが、その一方で制約が見えなくなってしまう。そのため、しばしば、事態を侮《あなど》り、強引《ごういん》にものごとを進めようとして、青写真を引き出し損《そこ》ねてしまうのです。

あなたがカオスに見るのは何のサイン？

悪意《あくい》のサイン

また、「間違っているのは向こうだ」「だから他人《ひと》は信じられない」と、批判的《ひはんてき》、拒絶《きょぜつ》的《てき》で被害者意識の強い**「苦《く》・暴流《ぼうりゅう》」**という心の回路は、同じカオスに向き合っても、そこに**「悪意のサイン」**を見てしまいます。

強い正義感をもつ心ですが、不具合《ふぐあい》が生じ、うまくいかなくなると、「いったい誰《だれ》がやったんだ！」「誰かが私を貶《おとし》めようとしている」「いつも自分は不当に扱《あつか》われている」と疑心暗鬼《ぎしんあんき》が生じて対立的、攻撃的になり、その結果、摩擦《まさつ》や軋轢《あつれき》が頻繁《ひんぱん》に生じ、周囲を疲弊《ひへい》させてしまう。それでは、事態の中から青写真を結晶化させることは至難《しなん》のわざになります。

障害のサイン

「きっとうまくいかない」「どうせ自分はダメ」と悲観的で否定的な想いが強い**「苦《く》・衰退《すいたい》」**という心の回路は、カオスに向き合うと、**「障害のサイン」**を見てしまいます。

真面目《まじめ》な心ですが、少しでもネガティブな状態があると、「もう無理」「ダメに決まっている」「どうせ自分なんか」とあきらめてしまったり、拗《す》ねてしまったりして、動けなくなってしまうのです。それでは、その中にある青写真は引き出しようがありません。

他人事《ひとごと》のサイン

最後の回路は、「まあ、大丈夫《だいじょうぶ》」「何とかなるだろう」という楽観的で曖昧《あいまい》な想いに支配されている**「快《かい》・衰退《すいたい》」**という心の回路です。カオスに向かい合うと、そこに**「他人事のサイン」**を見てしまい、現実との間に隙間《すきま》が生じてしまいます。

優《やさ》しい心ですが、「明日《あす》になれば流れが変わる」「後で頑張《がんば》れば何とかなる」「きっと誰《だれ》かが助けてくれる」と、可能性を失わないように、予定調和を思えるように曖昧《あいまい》な状態を保《たも》とうとするのです。現実と本当に向き合わなければ、カオスの青写真を取り出すことなど、不可能に決まっています。

あなたもまた、これらいずれかのサインを見ているのではないでしょうか。

ほとんどの人は、この中の回路の1つ、あるいはいくつかの回路の複合《ふくごう》した傾向《けいこう》を抱《いだ》いています。ということは、あなたにも、乗り越えるべき、いくつかの心の弱点が必ずあるということなのです。

カオスは「最高の人生」へのスイッチ

カオスに向き合うことは、カオスの中から、最高の可能性を引き出す挑戦《ちょうせん》です。

カオスは、あらゆるものが混在《こんざい》する海のような存在です。もし、そこに歪《ゆが》んだサインを見出《みいだ》して単純なレッテルを貼《は》ってしまったら、最高の可能性には気づきようもありません。

カオスの可能性を引き出すには、ただ決まったルーチンをこつこつと積み重ねるだけでは足《た》りません。カオスが運んでくる「兆《きざ》し」を読み、そこに響《ひび》いている声なき「呼びかけ」を受けとめなければならないのです。

そのようにして、1つ1つのカオスを本来そうなるべき形——青写真にしてゆくことができれば、やがて私たちは、「人生の青写真」を実現することができます。

つまり、「カオス」は、「最高の人生」へのスイッチとなるのです。

グレートカオス

ここまで4つのタイプのカオスについてお話ししてきました。それらは、私たちの人生に姿を現しては消え、消えてはまた現れることになります。

しかし、その一方で、10年に1度というような人生のターニングポイントで現れるカオスがあります。それは、人生の大きな分岐《ぶんき》をつくり、ときに人生全体の形を決めてしまう巨大なカオスです。私は、それを「グレートカオス」と呼んでいます。

グレートカオスにはいくつかの特徴があります。まず、グレートカオスは、通常のスタンダードカオスに比べて、**圧倒的に長い期間、影響を与え続ける**ということです。たとえば、スタンダードカオスの影響が数カ月、長くても1年から数年程度であるとするならば、グレートカオスは、数年から数十年、場合によっては、人生全体に影響を与えることがあるのです。

そして、グレートカオスは、**より大きな関わりのネットワークの中に現れます。**スタンダードカオスが、自分自身や家族など限られた関わりの中に生まれることが多いのに対して、グレートカオスは、空間的により大きな関わり――数十人、数百人の人間や、家庭や職場を越えた広がりの中で生じる場合が多いのです。

重要なことは、グレートカオスを引き受けるのは、他《ほか》の誰《だれ》でもないあなた自身だということです。

グレートカオスは、あなたに向かって、あなたをめざしてやってきます。言葉を換《か》えるなら、グレートカオスは、あなたの人生の仕事、人生の使命に深く関わっているのです。

しかし、**そのグレートカオスに本当に応《こた》えるには、それにふさわしい私たちでなければなりません。そのために必要な準備があるのです。**

もし、私たちが心に大きな歪《ゆが》みや弱点を抱《かか》えていたら、グレートカオスから青写真を引き出すことは困難です。そして、そのための必要な境地《きょうち》と智慧《ちえ》がなければ、やはり、青写真を形にすることはできません。グレートカオスと出会うために、グレートカオスの青写真を引き出すために、必要なステップがあるということです。

「問題だらけの会社」からの出発

山梨県で半導体製造機器販売会社ハーモテックの社長を務《つと》める岩坂斉《いわさかひとし》さんは、まさに、このグレートカオスに出会い、そのカオスに応《こた》えることを通して、人生をつくり直してしまった方です。10年前から始めた「魂の学」の実践《じっせん》が、そのための大きな力となりました。

かつて岩坂さんの会社は、鍵《かぎ》となる技術や自社製品を持たず、大手企業の下請《したう》けの仕事をしていました。

下請けの仕事は、多くの場合、新たな価値の創出《そうしゅつ》にはつながりません。そこでの競争の焦点《しょうてん》は、価格の安さ、納期《のうき》の短さに限定されがちです。一定の品質が確保されるなら、どこまで価格を抑《おさ》えられるか、どこまで納期を早められるかが勝負になります。

そもそも、他社より価格を下げ、納期を短くする提案をしないと商談自体が成立しません。その結果、無理な注文を受けることになり、納期が遅れがちになって、お客様との関係が悪くなるという悪循環《あくじゅんかん》が生じていたのです。

それ以上に問題だったのは、安値《やすね》競争のしわ寄せが、社員に大きな負担《ふたん》となってのしかかっていたことです。競争のために、ときには徹夜《てつや》も辞《じ》さない労働環境が強《し》いられることになりました。その結果、病気になる社員も出ていたのです。

しかも、それでも会社の赤字体質は改善されませんでした。こんなことでは、いつまで会社が存続《そんぞく》できるかもわからない。岩坂さんは、言葉にならない重圧にさらされていました。

当然、会社の空気もよくなるはずがありません。

社内はいつもピリピリしていて、社員同士が罵倒《ばとう》し合うことは日常茶飯事《さはんじ》。岩坂さん自身、火に油を注《そそ》ぐように社員を怒鳴《どな》ることもめずらしくはありませんでした。

2階で岩坂さんの罵倒する声が、1階にも聞こえるほどでした。「苦《く》・暴流《ぼうりゅう》」の心で見れば、至《いた》るところに「悪意のサイン」があふれ、それと闘《たたか》っているつもりだったのです。

そんな下請け企業はたくさんあるかもしれませんが、岩坂さんは、「以前は限りなくブラックに近い会社だった」と後悔とともに語っています。

会社の惨状《さんじょう》は、「呼びかけカオス」として現れていたのです。しかし、そのカオスに触《ふ》れて、青写真を取り出す準備はまだ整っていませんでした。

厳《きび》しい状況をどうすることもできず、お酒で紛《まぎ》らわす時期もあった岩坂さん。次の日、仕事ができないくらい飲むことも度々《たびたび》でした。気持ちは荒れ、無鉄砲《むてっぽう》になってゆく。車で高速道路に入ると、「このまま事故が起こって死んでしまってもかまわない……」。そんな気持ちになったこともありました。

飲んで家に帰れば、横暴《おうぼう》な態度で家族に接する。気分が悪いと、壁を蹴《け》って穴を開《あ》ける。

息子さんたちは父親を敬遠《けいえん》して、そそくさと部屋に入ってしまう。

「もう、とてもじゃないけれど、一緒《いっしょ》にはいられない」

当時、奥様からそこまで言われていたのです。

グレートカオス出現――起死回生《きしかいせい》の新規技術開発

危機的な状況の中で、会社は、新規技術開発に向かってゆくことになります。

それは、「テーマカオス」として現れたと言ってよいでしょう。

半導体《はんどうたい》の製造は、ウエハと呼ばれるシリコンの薄《うす》い円形のベースに精密《せいみつ》な回路を描くことにあります。品質の精度が問われるため、そのプロセスではゴミや塵《ちり》が極端《きょくたん》に嫌《きら》われます。多くの場合、クリーンルームという、塵やゴミの極《きわ》めて少ない環境で行われているのも、ゴミや塵が半導体の品質に決定的な影響を与えてしまうからです。

岩坂《いわさか》さんの会社の新技術の開発も、そもそもゴミをつけたくないという話から始まりました。

「ゴミをつけたくないなら触《さわ》らなきゃいいんだよね」

そんな社員の一言から始まった夢物語のような技術開発だったのです。

このアイデアが出たとき、最初は、とてもそれが具体的な形となって結晶化《けっしょうか》することはあり得ないような感じでした。

そのカオスは、夢物語のような顔をしていたということです。

偶然、国が推進する特許流通促進《そくしん》事業のアドバイザーから「こんな技術があるけれど」と紹介された中に、もしかしたら、自分たちが描いた夢が実現できるかもしれないというものがあり、そこから開発が現実のものとなったのです。

しかし、それは、専門外の流体力学《りゅうたいりきがく》の技術。機械や機械装置のことにはかなり詳《くわ》しい岩坂さんの会社の人たちも、太刀《たち》打《う》ちできないものでした。

そのとき、力になってくれたのが、当時、大手の空圧機器メーカーの技術部長をされていた、今は亡き尾方俊史《おがたしゅんし》さん。尾方さんも「魂の学」を実践《じっせん》している仲間でしたが、まさに岩坂さんたちが必要としていた技術に関わっていることがわかり、岩坂さんは心強い応援を得た想いでした。

実際、尾方さんは、本当に力を貸してくださったのです。どうしたら、空気の流れを使って微妙《びみょう》な吸引力《きゅういんりょく》を生み出し、傷も塵やゴミもつけずに、デリケートなウエハを扱えるようになるのか。尾方さんは、手弁当でいろいろ教えてくれました。それだけでなく、大学の先生方を紹介してくださるなど、手を尽《つ》くしてくれました。

そういう流れの中で、技術的な積み上げが可能になり、最終的に、岩坂さんたちは、人間の手が触《ふ》れることなく、半導体の基板《きばん》であるウエハを扱う技術を生み出すことができたのです。

でも、それだけでは企業の実績にはなりません。製品のアピールのためには特許《とっきょ》を取る必要がありました。

申請《しんせい》すると、先行する原理的な特許に基《もと》づいた応用であったことから、岩坂さんたちの特許はなかなか認められず、1年、2年経《た》っても、見通しが立ちません。

しかし、それでもあきらめることなく申請を続け、特許庁とのやりとりを重ねた結果、裁判に行く1歩手前というところで、ようやく特許が認められることになったのです。6年がかりの取得でした。

このカオスのもう1つの顔は、しかめっ面《つら》であったということです。

夢物語の顔としかめっ面の顔——。最初は、とても真《ま》っ当《とう》な形に結晶化《けっしょうか》するとは思えませんでした。しかし、そのカオスから、岩坂さんは、現在の会社の安定の現実をつくり出す、光転《こうてん》の種《たね》を取り出すことができたのです。

この特許の取得に関しても、岩坂さんたちを助けてくれたのは、「魂の学」を実践する仲間の特許事務所所長の川崎研二《かわさきけんじ》さん。川崎さんは、その後、会社で開かれるようになったアイデア抽出《ちゅうしゅつ》会議にも協力してくれました。

この結晶化がいかに大きなものであったのか。その特許によって、岩坂さんの会社は、メインの自社製品を備《そな》えることになり、経営的にも大きなアドバンテージを得《え》ることになりました。

岩坂さんにとって、この起死回生《きしかいせい》の新規技術開発は、まさにグレートカオス以外の何ものでもなかったということではないでしょうか。

最初、新たな「テーマカオス」だった新規技術開発は、助力者の尾方《おがた》さんや川崎さんと一緒にやってきた「ご縁カオス」と結びつき、さらにいくつかのカオスとつながって、最終的には、会社の未来を大きく左右するグレートカオスに育っていったのです。

かつての受発色《じゅはつしき》ならできなかった

問題だらけだった岩坂《いわさか》さんの会社が、なぜ、他《ほか》にない独自《どくじ》の製品を生み出すことができたのでしょうか。なぜ、グレートカオスの青写真を取り出すことができたのでしょうか。

そこには、様々な要因があるでしょう。多くの助力もあったでしょう。しかし、もっとも重要だったのは、その責任の中心にいた岩坂《いわさか》さんに、グレートカオスに向き合う準備が整ったということだと私は思うのです。

先に、グレートカオスに応《こた》えるには、必要な準備があると言いました（185ページ参照）。

この技術開発が可能になったのは、カオスに形をつける岩坂さんの心（受発色）が変わり、境地が進化して、指導原理に乗ることができたからです。もし、かつての受発色のままだったら、到底《とうてい》できなかったでしょう。

岩坂さんの心の回路は、「快《かい》・暴流《ぼうりゅう》」と「苦《く》・暴流《ぼうりゅう》」。事態に見てしまうサインは、「成功のサイン」と「悪意《あくい》のサイン」。自分がやることには「成功のサイン」を見て、社員や他人《ひと》のやることにはすぐに「悪意のサイン」を見ていたのです。

たとえば、社員との関わり1つとっても、かつては多くの問題を抱《かか》えていました。岩坂さんは、社員をどうしたら一生懸命《いっしょうけんめい》働かせることができるかということは考えても、彼らの可能性を引き出すことなど、まったく考えなかったのです。

意欲を引き出す環境にはほど遠く、一方的に命令・通達《つうたつ》を押し通すような関わり方でした。

「笑っている暇《ひま》があったら仕事しろ！」。かつての岩坂さんは、社員の歓談《かんだん》や笑い声は、「さぼっているしるし」と決めつけていました。社員は管理しないと仕事をさぼる。1分単位で日報を書かせていたこともあったほどでした。

その結果、「仕事は大変だし、管理も厳《きび》しい」と言って辞《や》めてゆく社員が跡《あと》を絶《た》たなかったのです。

受発色《じゅはっしき》問題の核心《かくしん》とは

こうした岩坂《いわさか》さんの「心」は、どのように生まれてきたのでしょうか。

私たちの「心」＝「受発色」の本質は、その受信の仕方《しかた》、発信の仕方にあります。先にも触《ふ》れたように、この受信・発信は、様々な偏《かたよ》りや歪《ゆが》みを抱《いだ》いています。その形成《けいせい》に大きな影響を与えるのが、誰《だれ》もが引き受けることになる人生の条件、3つの「ち」（76ページ参照）です。

その中でも、とりわけ重要なのが「血」――両親や家族から流れ込んでくる価値観や生き方です。岩坂さんの場合、ことに父親から強い影響を受けました。

大変な苦労人《くろうにん》だった岩坂さんの父親——。今は、お仕事を引退されていますが、長年にわたって「魂の学」を実践《じっせん》してきたお1人です。

高校時代は夜間に通《かよ》い、昼間働いて稼《かせ》いだお金は家に入れていたと言います。しかし、父親の父親は、働いて給料をもらっても、すべて飲んでしまうまで家に帰らないような人だったのです。

父親は思いました。「このままではダメだ。東京に出て、大学で勉強したい」

自分の境遇《きょうぐう》にいかんともしがたい閉塞感《へいそくかん》を覚えてきた想いは募《つの》るばかりで、ついに家族にその想いをぶつけます。

「申し訳ない。この身体《からだ》、俺《おれ》にくれないか」

そう言って、単身、東京に出て行ったのです。責任感の強かった父親にとっても断腸《だんちょう》の想いだったでしょう。必死に頑張《がんば》って東京の大学に入り、卒業後は懸命《けんめい》に働き、2つの会社をつくりました。岩坂さんの会社は、その1つです。

しかし、その父親も、「魂の学」と出会うまでは、岩坂さん同様、仕事で苦しんでいました。お酒で酔《よ》いつぶれ、家で暴れては、自分で自分を傷つけ、血だらけになることもありました。岩坂さんは、幼い頃《ころ》から、そんな父親を見て育ってきたのです。

岩坂さんは、父親から「男は負けたら終わり」ということをたたき込まれました。それに応《こた》えるように、幼い頃から人一倍負けん気が強かった岩坂さん――。父親から会社を引き継《つ》いだ岩坂さんが、とりわけ心に強く刻《きざ》んだのは、「ダメな社長、ダメな2代目とは見られたくない」という想いでした。

ある意味で、この想いこそが、岩坂さんの問題をつくっていたと言っても過言《かごん》ではありません。それに脅《おびや》かされ、強引《ごういん》なやり方と罵倒《ばとう》を繰《く》り返すという心の弱点を生み出していたからです。

岩坂さんの「会社はつぶしてはいけない」という強い想いも、本当に会社をつぶしてはいけないということ以上に、「ダメな2代目」と世間《せけん》からレッテルを貼《は》られることへの恐怖の方が強かったのです。

岩坂さんの会社が挑戦《ちょうせん》した新規技術開発というグレートカオス。夢物語のような、そしてしかめっ面《つら》をしたこのカオスを、本来の形に結晶化《けっしょうか》させるためには、岩坂さん自身の内なる弱点を克服《こくふく》しなければなりませんでした。

「ならば、セミナーに行け」

うまくいかない会社の問題をどう解決すればよいか。自分の弱点をどう克服《こくふく》すればよいのか——。岩坂《いわさか》さんは、皆目《かいもく》わかりませんでした。

父親も、苦労して会社をつくり、大変な想いで経営を続けてきた。そんな父親の姿を見て、「仕事は苦しいもの」としか思えなかったのです。しかし、どんなに苦しくても、とにかく頑張《がんば》り抜いて会社を存続《そんぞく》させてゆくしかないと思っていました。

「ダメな社長、ダメな2代目には見られたくない」という恐怖を抱《かか》えた心の弱点——。それを克服するためには、自らの心、内界の課題とまっすぐに向き合わなければなりません。しかし、心のどこかに、「こんな苦労をさせられ、思うようにできないのは、バカな社員とムカつく顧客《こきゃく》のせい」、そんな気持ちがあったのです。

「ダメな2代目に見られたくない」

「バカな社員とムカつく顧客のせい」

かつての岩坂さんは、この2つの心で、カオスに形を与えてきたということです。その結果が、かつての会社の状況だったのです。岩坂さんは、この心に翻弄《ほんろう》され、どうすることもできず、悶々《もんもん》としていました。

では、その岩坂さんが、どのように危機を乗り越えていったのでしょうか。

「これ以上は限界」と感じた岩坂さんは、ついに経営の先輩《せんぱい》である父親に相談しました。いったいどうしたらよいのか、助言を求めたのです。

しかし、父親は、経営については何も語らず、ただ一言、「ならば、セミナーに行け」と言ったのです。

心の弱点の克服《こくふく》——第1の準備

岩坂《いわさか》さんは、2008年の「トータルライフ人間学セミナー」に参加。

このセミナーは、経営、医療、教育、福祉、法務など様々な専門分野の方々が、「魂の学」を学ぶことによって、それぞれのテーマや問題解決に取り組み、業界に新たな道を開くことをめざすセミナーです。

以来、岩坂さんは、「魂の学」を基《もとい》とする経営を探求してきました。しかし、最初は、自分が心底《しんそこ》望んで参加したわけではありません。「自分の状況を何とかできるなら」という気持ちだったのです。ですから当初は、懐疑的《かいぎてき》な想いもありました。
しかし、学び続ける中で、次第《しだい》にそうした想いは影を潜《ひそ》め、いつしか、弱点を抱《かか》えていた心を成長させていったのです。

1番大きかったこと——。それは、「魂の学」のセミナーで、人間と世界のまなざしを繰《く》り返し学んできたこと自体だったと私は思うのです。年4回の1泊2日のセミナー、週1回開催される地方会にも数多く参加。それを何年もの間、続けてきたのです。

この長い時間を通じて、経営者としての姿勢を学び、具現《ぐげん》のメソッドを習得《しゅうとく》する中で、岩坂さんは、具体的に自らの心の弱点を知り、それを超える道を実践《じっせん》してきました。

「魂の学」では、新しい見方、考え方を吸収、外から内にアウトサイドインすることと同時に、実践する——内に吸収《きゅうしゅう》したものを外にインサイドアウトすることを何よりも大切にしています。

たとえば、心の傾向《けいこう》と弱点を乗り越えてゆく取り組み（行《ぎょう》）——。岩坂さんの心の回路である「快《かい》・暴流《ぼうりゅう》」「苦《く》・暴流《ぼうりゅう》」には、その歪《ゆが》みを修正してゆくために、「献身《けんしん》」「感謝」「傾聴《けいちょう》」「調御《ちょうぎょ》」などの取り組みがあります。

その中で、岩坂さんは、まず、「献身」の取り組みとして、会社と自宅のトイレ掃除《そうじ》を続けることにしました。「献身」とは、自分のためではなく、誰《だれ》かのために生き、誰かのために力を尽《つ》くすという取り組みです。

そして、「感謝」の取り組みとしては、拙著《せっちょ》『新・祈りのみち』の中の「感謝の祈り」に向き合い、少しずつ自分の心を掘《ほ》り下げていったのです。

その中で、社員との関わりも少しずつ変わってゆきました。

かつては、「社員は、監視《かんし》してコントロールしないとすぐに怠《なま》ける。信じて任《まか》せることはできない」、そう思っていました。それが、社員の未来を案じ、その可能性を信じて関わるようになったのです。

たとえば、ある中途採用の社員の場合──。この社員は、他の会社で課長になったものの、上司と対立して降格《こうかく》、転職してきた方でした。岩坂さんの会社でも、上司との軋《あつ》轢《れき》を起こし、同じ状況に陥《おちい》りそうになっていました。

そのとき、岩坂さんは彼の壁《かべ》になろうと、こう助言されたのです。

「ここでダメなら、またどこかの会社に行って……と、それを繰《く》り返してゆくことが本当に幸せなのだろうか」

また、かつて、社員のアイデア、提案を生かせずに特許《とっきょ》を取り損《そこ》なった事件がありました。岩坂さんは、その痛みを繰り返さないために、アイデア抽出《ちゅうしゅつ》会議を実施することにしました。先に触《ふ》れた仲間の川崎さんの助力もあり、それは活気に満ちた楽しい場になりました。

こうした取り組みの結果、会社を覆《おお》っていたピリピリとした空気、責任のなすりつけ合いは影を潜《ひそ》めました。社員が抱《いだ》く会社像も大きく変わり、今は、口々にこう言われているのです。

「仕事はかなり厳《きび》しいけれど、すごく自由でおもしろい会社」

本心の目覚め——もし、自分以外の経営者がいたら

これらは、もちろん、岩坂《いわさか》さんの意識的な努力の結果です。

しかし、同時に、「魂の学」の考え方や生き方が、次第《しだい》に岩坂さんの中に深く染《し》み入り、それが血肉《ちにく》となっていった結果なのです。気づかないうちに、岩坂さんは、そのまなざしで事態を受けとめ、考えることができるようになっていました。

「魂の学」のセミナーに欠かさず参加するようになった岩坂さんは、私の毎回の講演の最後の話をいつも心待ちにしていたと言われます。

私は、各回のテーマにそって講演を進め、その実践《じっせん》の報告をさせていただいた結びに、いつもその講演に託《たく》す想い、私自身の本心をぶつけるようにお話ししています。その想いがすべての参加者の皆さんの心深くに届くことを念じて言魂《ことだま》を放《はな》つのです。

たとえば、過日《かじつ》の専門分野のシリーズセミナー第1回の最後、私はこうお伝えしました。

「……このように厳《きび》しい時代です。その変化の時代の中にあるからこそ、私たちは、共に志《こころざし》を磨《みが》き合い、励《はげ》まし合いながら、未来を開いてまいりましょう。

皆さんは1人じゃありません。こうやって共に歩む志を持った多くの仲間がいます。それをぜひとも、心の支えにしていただきたい。何かあれば、どうぞ皆さん、この場にお越しいただきたい。心からそう願っています」

岩坂さんは、その言葉の波動《はどう》に、何度も自分を合わせて、新たな歩みへと踏み出してきたと言われています。それは、岩坂さん自身が、自らの本心を掘《ほ》り下げ、魂の感覚を取り戻《もど》そうとする1歩1歩だったのです。

そうした歩みの中で、5年ほど前のある日、岩坂さんはこう思いました。

「今、自分は、様々な関わりとつながりの中で、1つの会社の社長として、その使命

著者の講演で、舞台に招かれた岩坂さん。何の打ち合わせもなく、その人生と実践の歩みが紹介される中で、岩坂さんしか知らないこと、また本人すら知らないことが次々と明かされてゆく。

に応《こた》えようと奮闘《ふんとう》し、影響を与え続けている。しかし……もし、自分以外の人がこの会社をやったら、もっとよくなるのではないだろうか」

そんな考えが、胸をよぎるようになったのです。

それは、決して投げやりな言葉ではありません。**「もし、本当に、自分以上の境地《きょうち》と智慧《ちえ》を抱《いだ》く経営者が自分の場所にいたら……」という後悔の想いだったのです。**

それは、岩坂さんの本心の目覚め、魂の覚醒《かくせい》にほかなりませんでした。

その想いの発端《ほったん》は、さらにその5年前に遡《さかのぼ》ります。「魂の学」のセミナーの最中、気になっていた1人の社員のことがふと心に浮かびました。

その社員は、糖尿病《とうにょうびょう》を抱《かか》えながら、頑張《がんば》って仕事をしていました。

暗がりの中で、1人でインシュリンの注射をしている姿。病気になりながら、それでも会社の要請《ようせい》に懸命《けんめい》に応《こた》えようとしている。でも、その気持ちを理解してもらえない寂《さび》しさ……。その彼の気持ちが迫《せま》ってきたのです。

「ああ、今の会社は、社員を不幸にしている」

岩坂さんはそう思いました。

自分は2代目として、絶対に会社はつぶしてはならないと思ってきた。しかし、社員

を不幸にする会社なら、ない方がよい。会社を続けるなら、社員を不幸にしない会社、社員を幸せにする会社にすべきだ。

そんな気持ちが込み上げ、涙があふれて仕方《しかた》がありませんでした。

それ以来、岩坂さんは、より深く「魂の学」を吸収して実践《じっせん》し、より真剣に仕事の改善に取り組むようになったのです。

かつては、自分のことばかりが気になっていた岩坂さん。それが、社員のことを想い、会社全体のことを想うようになりました。それはいわば利他《りた》の心――。しかし、その利他の心は、岩坂さんの場合がそうだったように、結局、本人自身を大いに助けるものです。自利利他一如《じりりたいちにょ》ということです。

新しい境地《きょうち》と智慧《ちえ》の獲得《かくとく》――第2の準備

やがて岩坂《いわさか》さんは、社長として、会社の経営に関して1つの定見《ていけん》を持つようになりました。経営とは、社員とは、お客様とは、製品とは、技術力とは……それらを「魂の学」のまなざしで、定義《ていぎ》し直したのです。それは、先にあげたグレートカオスに応《こた》えるための準備の1つ、新しい境地と智慧の獲得と言ってよいでしょう。

かつての岩坂さんは、会社の技術力こそが創造力であると信じて疑いませんでした。しかし、今は、**製品を生み出す創造力は「技術力＋社員の人間的深化《しんか》」が鍵《かぎ》である**と思っています。

少し前、こんな仕事の依頼がありました。

通常は６カ月納期の製品を４カ月で納品してほしいというものでした。

かつての岩坂さんなら1も2もなく引き受け、社員に指示をしていたでしょう。

しかし、今は違います。この仕事の本来の目的は何だろうか。もし、引き受けるなら、それによって、社員の成長にチャレンジできるかどうかではないだろうか。そうでなければ、断ってもかまわない――。

岩坂さんは、その想いを部下に話し、最終的な判断を彼らに任《まか》せました。

すると、社員たちは主体的にこの案件を検証し、「ぜひ、やらせていただきます」という返事が返ってきたのです。かつては考えられないことでした。

自社の強みについても、まったく違った捉《とら》え方をしています。以前は安値《やすね》競争に勝つためにできるだけ苦情や要請《ようせい》は避《さ》け、とにかく効率優先、無駄《むだ》な時間は排除《はいじょ》したいと思っていました。しかし、今は真逆《まぎゃく》になっているのです。

かつての下請け会社から独自の新技術を開発し、さらに
化粧品業界や食品業界への展開に挑戦している岩坂さん。
「自らの心の弱点を克服し、新たな境地と智慧を得る」
という見えない歩みがそのすべてを支えていた。

お客様が困っていることの中に、宝の山がある。「困ったことがあれば、何でもおっしゃってください。問題を解決してお届けします」と言っています。

つまり、「真のカスタマイズ力《りょく》」こそが、自らの会社の強みだと自覚しているのです。

そして、売上についての考え方も大きく変わりました。

かつては、売上は会社の実力であり、社長の力の証《あかし》でしたが、今は、売上は社会にどれだけ役に立ったかの結果だと受けとめています。

すべてがまったく変貌《へんぼう》してしまったと言って過言《かごん》ではありません。

新たなカオスに向かうとき

自らの心の弱点を克服《こくふく》し、新たな境地《きょうち》と智慧《ちえ》を得る。そうした地《じ》となる歩みがあって、岩坂《いわさか》さんの会社の独自技術開発──グレートカオスは結晶化《けっしょうか》し、非接触《ひせっしょく》ウエハ搬送《はんそう》技術の製品を生み出すことができました。それは、他《ほか》のどこにもないユニークな技術です。

会社の経営は安定し、今年はこれまでの最高益を更新《こうしん》する見込みです。殺伐《さつばつ》としていた会社の空気も一変《いっぺん》し、活気と意欲に満ちた職場になっていました。

家庭の様子《ようす》も一変しました。かつて、奥様から「もう一緒《いっしょ》にやっていられない」と言われていた岩坂さん。しかし、今はそれが嘘《うそ》のように心を通《かよ》い合わせる温かな家族になっているのです。

それだけではありません。長男から「お父さんのような経営者になりたい。だから、その生き方を側《そば》で見させてほしい」と言われ、今は一緒に働いているのです。

会社の業績の向上、社内の活性化、家庭の安定——。すべてが光転《こうてん》しました。

だからこそ、今、岩坂さんと会社には、次なるグレートカオスを迎《むか》え撃《う》つ準備が整っているということなのです。

会社の経営が安定化し、岩坂さんの心がゆったりしているかというと、決してそうではありません。むしろ、以前にも増して、「本当にこのままでいいのか——」と自《みずか》らに問う気持ちが岩坂さんの心を離さないのです。

そして、新たなチャレンジを始めています。

その1つとして、非接触ウエハ搬送技術の化粧品業界への展開。ファンデーションなど、扱《あつか》いが難《むずか》しい商品の搬送に生かせないか。また、食品業界への展開。イチゴなどのデリケートな食品の搬送に応用できないか。様々な可能性を模索《もさく》し、すでに試作品をつくり、研究を続け、商品化に近づいているものもあるのです。

岩坂さんの会社は、これからさらに多くの挑戦《ちょうせん》に向かってゆくでしょう。そこには、新たな試練がつきものです。次々に「呼びかけカオス」が来るかもしれません。しかし、もし岩坂さんが、今回果《は》たした心の弱点の克服、獲得《かくとく》した新たな境地と智慧を忘れず、それをさらに深めてゆくならば、いかなるカオスが来ても、その青写真にアクセスし、最善《さいぜん》の道を引き出すことができるに違いありません。

グレートカオスによる進化の道

繰《く》り返しますが、もし、かつての混乱の中にあった岩坂《いわさか》さんであれば、この新規技術開発カオスの青写真は、決して具現《ぐげん》しなかったでしょう。それどころか、そもそもこのグレートカオスは、岩坂さんの人生に現れていなかったかもしれないのです。

そうなれば、岩坂さん自身も会社も、大きなハンディを抱《かか》えることになり、未来もまったく異《こと》なるものになっていたに違いありません。

岩坂さんが、困窮《こんきゅう》する中で向き合った新規技術開発というグレートカオス。その青写真を具現するまでに、岩坂さんは自分の心の弱点を克服《こくふく》し、新たな境地《きょうち》と智慧《ちえ》を獲得《かくとく》するというステップを確かに歩んでいました。

その階段がなければ、グレートカオスの青写真を現実にすることはできませんでした。けれども逆に、その準備を整え、グレートカオスの青写真を取り出すことができれば、私たちは、間違いなく人生を進化させることができる。人生の「マキシマ」に近づくことができるのです。

それは、岩坂さんだけではなく、すべての人に開かれた道です。

その道は、カオスに心＝受発色《じゅはっしき》で触《ふ》れて、光転《こうてん》・暗転《あんてん》の現実を結晶化《けっしょうか》させる――。その積み重ねによってつくられてゆきます。

私たちは、日々、新たなカオスと出会い、「カオス→受発色→光・闇《やみ》の現実」のプロセスを繰《く》り返しています。それ以外何もしていないと言ってもよいほどです。

「カオス→受発色→光・闇の現実」は、人生を形づくる単位――「人生創造のユニット」であると同時に、人間だけに許された使命に応《こた》える道なのです。

このユニットのあり方によって、人生の道すじは大きく変わってゆきます。そればかりか、人生の進化も、世界のあり方も、決定されてゆくのです。

私たちの人生も、私たちの世界も、カオスと共に進化の道を歩む――。

それは、時の流れを超えた、変わることのない摂理《せつり》にほかなりません。

4章

グレートカオスの秘密――最高の人生をつくる

How to Make Your Life the Best

Chapter Four

10年に1度のタイミングで現れ
人生全体の形を決めてしまうグレートカオス。
それは、人生の仕事、人生の使命に深く関わっている。
いくつかのグレートカオスと出会い
その青写真を引き出すことができれば
人生の解答を与え、「最高の人生」を導《みちび》く
「人生最高峰《さいこうほう》のカオス」に出会うことができる。
世界には、1人ひとりを
グレートカオス、最高峰カオスに出会わせる
指導原理がはたらいているからだ。

人生という物語

本書では、「最高の人生」というテーマを掲《かか》げて、そのつくり方を探究してきました。ここまで読み進めてくださった読者の皆さんは、今、どのような気持ちを抱《いだ》かれているでしょうか。

歴史の中で、人間が営《いとな》む人生は、常《つね》に「物語」として描かれてきました。たとえば、多くの映画でも、そうした人生の物語が扱《あつか》われています。なぜ毎年、何百、何千という作品が作られ、何百万という人々が映画館に足を運ぶのでしょう？　よくよく考えてみると、不思議な現象です。

その理由は、人々が、その映画が描く「物語」に触《ふ》れ、そこに訪《おとず》れる「感動」を求めているからではないでしょうか。映画を見終えたときに心に訪れるあの感動——。それを求めて人々は映画館を訪れるのです。

では、なぜ私たちは、映画を鑑賞《かんしょう》して感動を覚えるのでしょう。

あらゆる物語には、「主題」「テーマ」があります。なぜ感動するのかと言えば、その映画の主題に触れ、人生とは何と素晴《すば》らしいものなのか——その衝撃《しょうげき》を受けて感動するからでしょう。

感動とは、私たちの内なる魂が、そこにある何かに触れて一時《いっとき》、覚醒《かくせい》することにほかなりません。覚醒して、魂が震《ふる》えるときに現れる内なる活動が、感動なのです。

人生の主題

すべての物語に主題があるように、人生にも主題、テーマがあります。

１９８６年にノーベル平和賞を受賞したエリ・ヴィーゼルは、『The Gates of the Forest』という作品の序文で、次のように述べています。


神は物語が好きだから人間を創《つく》られた。

(God made man because He loves stories.)


天は、１人ひとりの人間に対して、その人生を最高の物語につくり上げてゆくことを望んでいます。だからこそ、１つ１つの人生に、他《ほか》の人生に取って替《か》わることができない人生の主題、テーマを与えているのです。

「魂の学」を語る――6

片《かた》桐《ぎり》ユズルさん

京都精華大学名誉教授、詩人

『ボブ・ディラン全詩集』を翻訳

現代社会に
鮮やかに蘇る「魂」

かつての私にとって「魂」はリアリティがなく、遠い存在でした。しかし、その後、「魂の学」を学ぶ中で、少しずつ変化が起こっていったのです。

高橋先生は、これまでの私の人生の歩みについて、事あるごとにお話しくださいました。なぜ私が英語や詩に携わったのか、そしてその後、言語以前の心身の問題に惹かれていった理由、また誰にも話したことがない幼い弟の死の体験の意味などを明かされたのです。そうした中で、「魂」というものが少しずつ感じられるようになりました。

先生は、「魂」という最も古めかしい言葉と概念を、現代という時代に、リアルに、鮮やかに蘇らせているのです。「魂の学」を実践する多くの方々が、これほど元気に、いきいきとしているのは、その証です。

人生の主題は、実に様々です。たとえば、誰《だれ》も持ち上げたことのないような、大変な試練を見事に解決するという主題。誰も想像し得なかったような、新しい創造物をこの世界に生み出すという主題をもった人生もあります。病の痛みを癒《い》やすという主題、多くの人たちに歓《よろこ》びや感動を与えるという主題――。

100の人生があれば、そこには100の異《こと》なる主題が存在するのです。

しかし、その人生の主題は、最初から現れているわけではありません。

それは、どのようにして見出《みいだ》されるのでしょうか。

物質の中には、$E=mc^2$の方程式が予測するエネルギーが閉じ込められています（Eはエネルギー、mは質量、cは光の速度：約30万km毎秒）。

たとえば、太陽の核融合《かくゆうごう》反応――4つの水素原子が2つのヘリウム原子になる核融合反応で失われるのはわずか質量の7%。それがエネルギーになるだけで、あれほどの熱と光になるのです。それと同じように、私たちの人生にも、その人生を最高の次元に引き上げようとする「人生の力の源泉《げんせん》」が備《そな》わっています。

プロローグでご紹介したように、私は、それを「マキシマ」と呼んでいます。

マキシマは、私たちの人生に意味を与え、向かうべき場所へ導《みちび》き、その人生の可能性を最大限に引き出すのです。

そして、１人ひとりの人生の中からマキシマを取り出したとき、そこに人生の主題が現れるのです。

人生の形——無数のカオスの結晶化《けっしょうか》

私たちは、生まれてから死を迎《むか》えるまで、数え切れないカオスに触《ふ》れ、それを結晶化させ続けています。

「あなたは、これまでどのような人生をたどってきましたか？」

そう尋《たず》ねられたら、あなたはどう答えるでしょう。

きっと、様々な答え方があるでしょう。しかし、結局のところ、それは、人生を通してどのような事態と出会い、その結果、自分と周囲の世界がどうなったのかという話になるのではないでしょうか。

商社に勤《つと》め、世界中を回って何千という品物の貿易をしてきたという方。自宅の一角《いっかく》を店舗《てんぽ》として商《あきな》いをし、子どもを３人育て上げたという方。また、医師として救急医療に関わった後、クリニックを開業して多くの人々の健康を守ったという方……。

1人ひとりの人生の形は皆、異《こと》なっています。しかし、それらはすべて、次々と私たちの許《もと》にやってくるカオスに、心＝受発色《じゅはつしき》で触《ふ》れ、光転・暗転の現実を結晶化させた積み重ねの結果なのです。私たちは、人生において、それ以外のことは何もしていないと言っても過言《かごん》ではありません。

人生で出会う無数のカオス――。その一部がグレートカオスとして成長し、私たちの人生に多大な影響力を発揮《はっき》してゆくことは、3章で見た通りです。

人生最高峰《さいこうほう》のカオス

ここでもう1つ、お話ししておかなければならないことがあります。

天が人間に与えた「人生の主題」に直結《ちょっけつ》する究極《きゅうきょく》のカオスがあるということです。

それは、1つの人生が、長い歳月《さいげつ》を通して積み重ねてきたありとあらゆる経験、そこから汲《く》み出された智慧《ちえ》、そしてその人生で培《つちか》ったあらゆる資源を投入して初めて結晶化《けっしょうか》させることができる、唯一無二《ゆいいつむに》のカオスです。

それを「人生最高峰のカオス」と呼びましょう。

ある人の人生を紹介するポスターがあるとすれば、その人生最高峰のカオスは、間違いなくそのポスターの最上段に掲《かか》げられるタイトルのようなものです。

そして、人は、その人生最高峰のカオスと出会ったとき、「なぜ私はあの事件に出会わなければならなかったのか」「なぜあの試練だったのか」「なぜあそこで助けられたのか」「なぜこの願いをどうしても捨てられなかったのか」、そして、それらを総合して、「なぜ自分はこの人生だったのか――」という人生究極《きゅうきょく》の問いに対する解答を得ることになるのです。

「最高の人生」の青写真を抱《いだ》いている「最高峰カオス」――。その青写真を世界に具《ぐ》現《げん》するために必要な境地《きょうち》や智慧《ちえ》があります。それらは、ときに長い時間をかけて、幾多《いくた》の試練を越えて獲得《かくとく》し、磨《みが》かなければならないものです。

つまり、「最高峰カオス」は、最高であるとともに、最難関――。そこに近づくことも、それに道をつけることもたやすいことではないということです。

そもそも、ほとんどの人は、何が最高峰なのかさえわかりません。ですから、どうすればその「最高峰カオス」と出会えるのか、知る術《すべ》もないのです。

たとえ出会うことができても、そこから青写真を取り出す方法がわかりません。

では、**どうすればこの困難を克服《こくふく》し、「最高峰カオス」と出会い、人生のマキシマを**

取り出すことができるのでしょうか。

その鍵《かぎ》となるのが、前章で取り上げたグレートカオス――10年に1度のタイミングで現れ、人生全体の形を決めてしまう巨大なカオスなのです。

あなたの人生のグレートカオスを引き受けるのは、他《ほか》の誰《だれ》でもないあなた自身です。つまり、そのグレートカオスは、あなたでなければならない必然――あなたの人生の仕事、人生の使命に深く関わるものであるということです。

人生において、いくつかのグレートカオスと出会い、その青写真を引き出すことができれば、あなたの前に、必ず「最高峰カオス」が現れます。

実は、世界には、私たちを最終的にグレートカオス、「最高峰カオス」に出会わせるように導《みちび》く人生のしくみが存在しているのです。

カオスの階梯《かいてい》

その人生のしくみとはどういうものでしょう。それは、私たちを、最高峰《さいこうほう》カオスへと導《みちび》く「カオスの階梯」――カオスの梯子《はしご》、カオスの階段です。

日々私たちの許《もと》にやってくる事態＝刻々《こっこく》カオスから始まり、スタンダードカオス、グ

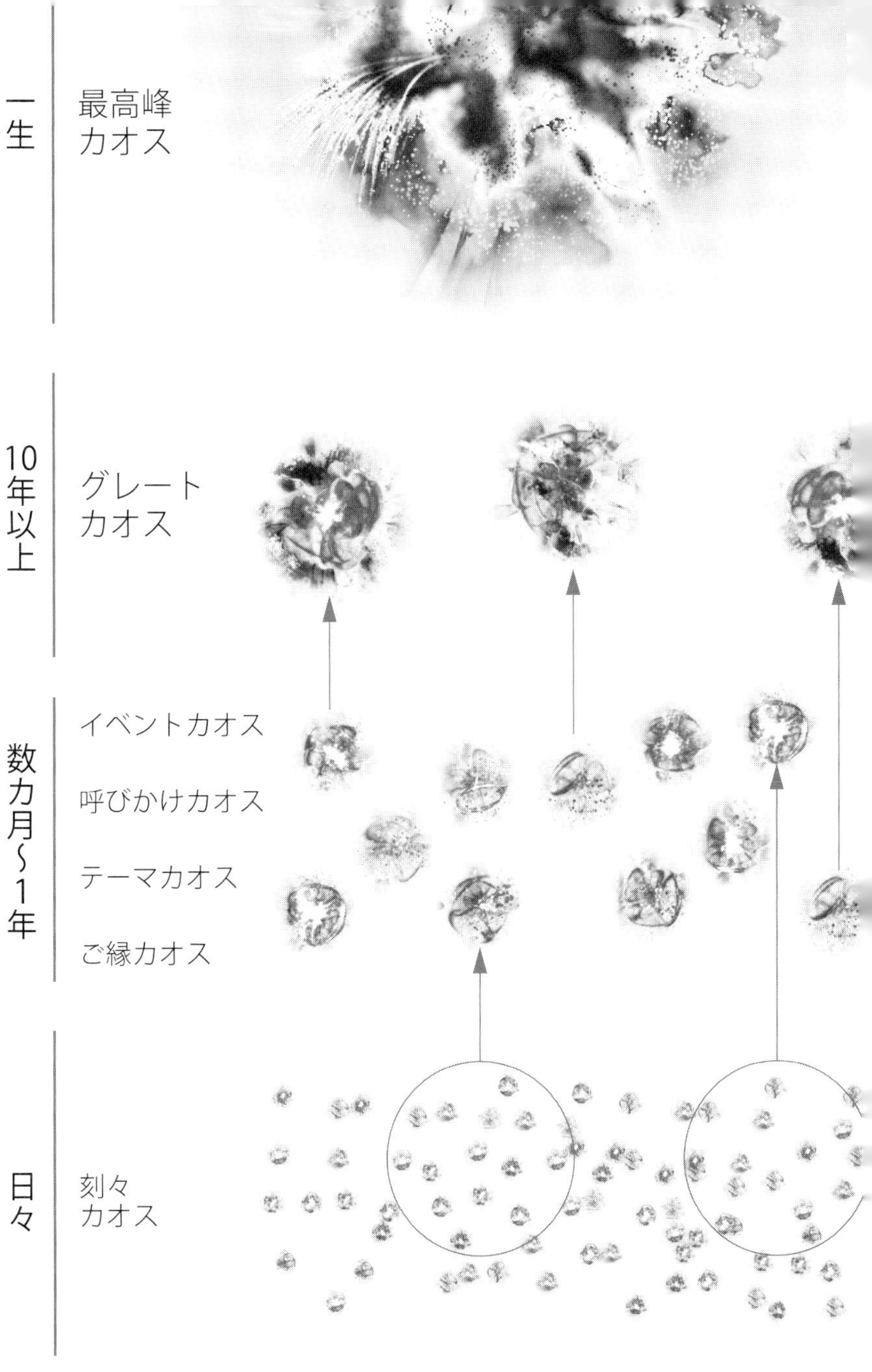
一生
最高峰
カオス
10年以上
グレート
カオス
数カ月〜1年
イベントカオス
呼びかけカオス
テーマカオス
ご縁カオス
日々
刻々
カオス

図 10

レートカオス、そして最高峰カオスに至《いた》る階梯が世界には用意されているのです（図10）。

スタンダードカオスの階層《かいそう》

私たちが通常、カオスとして認識することができるカオスは、3章でご紹介した4つのタイプのカオス——イベントカオス、呼びかけカオス、テーマカオス、ご縁《えん》カオスでしょう。

通常、カオスと呼べば、この階層にある4つのカオスを指します。

しかし、実は、これらのスタンダードカオスは、1つ1つが単体として存在しているわけではないのです。

刻々《こっこく》カオスの階層《かいそう》

考えてみてください。日々、私たちは様々な出会いや出来事、事態に向き合っています。それは、ほとんどカオスとして意識されることのない現実です。

今日1日のルーチンの仕事もそうでしょう。上司の指示に応《こた》える。自分が担当している仕事に問題が起こる。プロジェクトの課題を解決する……。そうしたことは、時の流

「魂の学」を語る――7

芳村真理《よしむらまり》さん

メディアパーソナリティ

私がこれほど元気なのは「魂の学」のおかげ

高橋先生に初めてお会いしてから、早30年になります。私にとっては、ライブの講演を直接聴かせていただいたときの衝撃を忘れることができません。魂に強烈なインパクトを受けました。

また、先生は、私が人生の岐路に立ったとき、「大丈夫よ」と肩を押してアドバイスを下さいました。それがどれほど励みになったことでしょうか。先生とお会いしてから、私の周囲の人たちも皆、幸せになってきています。

「魂の学」の生き方は、何よりもまず自分自身が変わることから始まります。シンプルでとても力があり、人生に深い希望を与えてくれます。

私が今、これほど元気なのは、「魂の学」を学んでいるおかげです。

れとともに、生まれては消えてゆく泡《あわ》のようです。

しかし、その1つ1つは、どんなに小さなことでも、私たちがそこに触《ふ》れて形を与えるまで結果は出ていない刻々カオスです。

日々、意識はしていなくても刻々カオスに向かい合い、その中からイベントカオスや呼びかけカオス、テーマカオス、ご縁《えん》カオスが形づくられてゆきます。

そして、これらのスタンダードカオスに真摯《しんし》に向き合い、応えてゆくなら、その中からグレートカオスが成長してきます。さらに私たちが、いくつかのグレートカオスの青写真を引き出してゆくとき、人生は最高峰カオスに導かれてゆくのです。

内外《うちそと》エネルギー交流

繰《く》り返しますが、このカオスの階梯《かいてい》は、自動的に、エスカレーターに乗るようにして上がってゆけるものではありません。

カオスの階梯を上がってゆくためには、私たちは境地《きょうち》と智慧《ちえ》を蓄《たくわ》えてゆかなければなりません。そのような内的深化《しんか》は、どのようにして実現されるのでしょうか。

人生の中で1つ1つのカオスに応じてゆくとき、それがどんなに小さなものであって

内外エネルギー交流

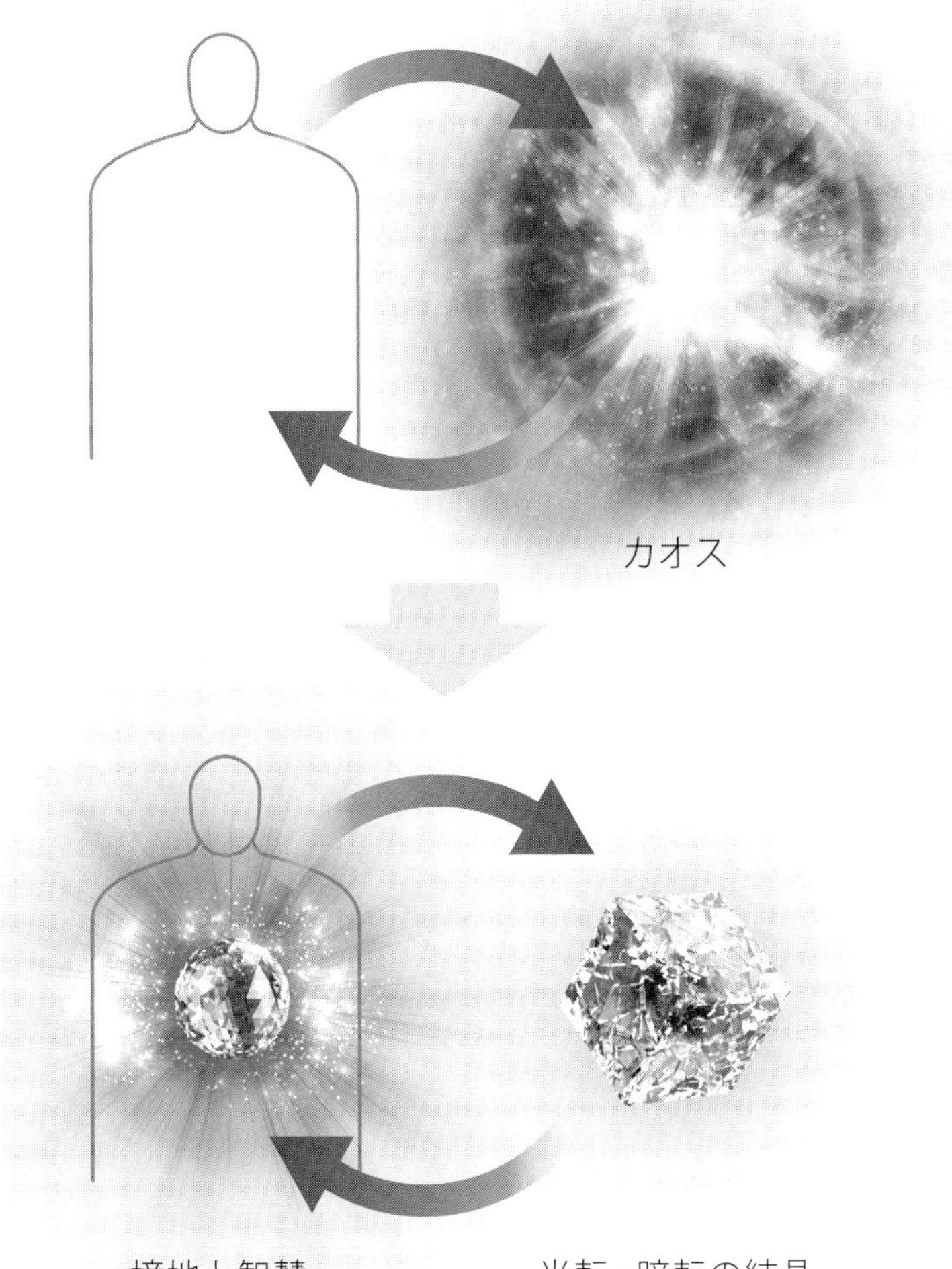

図 11

も、そこには光転《こうてん》か暗転《あんてん》かの結晶化《けっしょうか》が起こります。

ここで大切なことは、外なる結晶化が生まれるとき、私たちの内側にも、新たに1つの境地と智慧が生まれていることです（図11）。たとえ暗転の結晶でも、事実をアウトサイドインし、呼びかけを受けとめるなら、内側に新たな境地と智慧が1つ加わります。

そして、その境地と智慧をもって、次のカオスの青写真を外に結晶化します。すると、また新たな境地と智慧が私たちの中に生まれる。その積み重ねによって、私たちは、カオスの階梯を上ってゆく力、内なる境地と智慧を得ることができるのです。

これは、私が「内外エネルギー交流」と呼ぶ法則から生まれる1つの現実です。

内から外、外から内へと循環《じゅんかん》するエネルギーによって、外側にはカオスが結晶化し、内側には新たな境地と智慧が積み重ねられてゆきます。

つまり、**あるカオスは、次のカオスと向かい合うことの準備カオスとなる。その次なるカオスもまた、その次の次のカオスの準備カオスとなる。こうして、相互《そうご》のカオスが連関《れんかん》しながら、私たちはグレートカオスと出会う準備を整えてゆくのです。**

グレートカオスに出会うには、それまでに乗り越えておくべき課題があり、それまでに蓄《たくわ》える境地と智慧が必要とされるということなのです。

60億負債《ふさい》カオス

金沢の400年の歴史を持つ老舗《しにせ》菓子店「森八《もりはち》」の女将《おかみ》・中宮紀伊子《なかみやきいこ》さんもまた、人生に訪《おとず》れる様々なカオスとの出会いに導《みちび》かれるようにして、その人生のマキシマを現そうとしているお1人です。

全国に何十店舗《てんぽ》という支店を持つ有名な老舗「森八」に嫁《とつ》いだ中宮さんは、2人の娘さんにも恵《めぐ》まれ、充実した毎日を送っていました。誰《だれ》もが羨《うらや》むような御曹司《おんぞうし》との結婚のはずでした。しかし、そこには思いもよらない試練が待ち受けていたのです。

子育てが一段落した後、夫を支えようと経営に参画《さんかく》した矢先、お店の内情は火の車で、前《ぜん》経営陣による負債が総額60億円にも上《のぼ》ることがわかったのです。実感も湧《わ》かない天文学的な数字でした。

夫妻は、店の存続のために裁判所に和議《わぎ》を申請《しんせい》。メインバンクも負債の減額に応じてくれました。ただ、新たな融資《ゆうし》は叶《かな》わず、地獄《じごく》の日々が始まりました。

債権者《さいけんしゃ》からは罵倒《ばとう》され、マスコミの取材攻勢《こうせい》で気の休まるときもありません。次々に迫《せま》られる返済は熾烈《しれつ》を極《きわ》め、鳴り止《や》まないお叱《しか》りの電話にただひたすら耐《た》えるしかない日々が続いたのです。

そんな修羅場《しゅらば》のような毎日をくぐり抜け、なりふりかまわず頑張《がんば》って返済を続けた結果、9年の歳月《さいげつ》をかけて和議が終結《しゅうけつ》したのです。和議申請で再建できるのは1割と言われる中、当初の予定よりも2年以上も早い終結でした。

この出来事は、中宮さんにとって、間違いなく人生の大きな岐路《きろ》をつくったグレートカオスだったでしょう。中宮さんご夫妻は、渾身《こんしん》の歩みによって、このカオスを解決へと結晶化《けっしょうか》させることができたのです。

「老舗〝森八〟の再建の陰《かげ》にこの女将あり」――。中宮さんの歩みは、NHKのドキュメンタリー番組でも紹介され、大きな話題になりました。

再び訪れたカオス――心の危機を呼びかけていた

しかし、最悪の重荷《おもに》を取り除《のぞ》いたにもかかわらず、会社は輝《かがや》きを取り戻《もど》したとは言えない状況でした。お店も、社員があまりいきいきとしているようには見えません。どこか殺伐《さつばつ》として、全体がちぐはぐで、1つになっていない――。

本当なら、1番の試練を乗り越えた矢先、皆が一体になって次の目標に向かって邁進《まいしん》してもいいはず――。明らかに次なるカオスが中宮《なかみや》さんの許《もと》に訪《おとず》れていたのです。

巨大なカオスに光転《こうてん》という結晶化《けっしょうか》を導いた直後に、再び訪れた新たなカオス。それは、中宮さんにとって、新たな「呼びかけカオス」だったと言えるでしょう。そして、そのカオスに呼びかけられていたのは、何よりも中宮さん自身だったのです。

現実の重荷《おもに》を解放したはずなのに、世間からも大きな評価を受けたのに、中宮さんの心は晴れず、重いしこりのようなものが残っていました。

自分たちをこの苦しみに追い込んだ、かつて森八《もりはち》を牛耳《ぎゅうじ》っていた人たちに対する許せない気持ち。そして、その奥には、人間と世界に対するどうすることもできない不信感が渦巻《うずま》いていたのです。

「人間はずるい。油断《ゆだん》をしたら何をされるかわからない」

「神様はなぜ、私にこんな仕打《しう》ちをされるのか」

一事《いちじ》が万事《ばんじ》、そういう想いで人に関わり、ものごとに対処《たいしょ》してゆく中で、中宮さんは、何とも言えない空虚《くうきょ》さを覚えるようになっていました。

社員が出先からの帰りが遅いとき、誰《だれ》かが「そう言えば、コンビニで見かけた」と言えば、「きっとあの社員はコンビニで時間をつぶしているに違いない」と思ってしまう。

お客様に対しても、隙《すき》を見せてはいけない。郵送した商品が破損《はそん》していたという連絡《れんらく》を頂いても「本当にそうかしら」と思ってしまう。新しい商品をお送りするけれども、返送料がいくらかかっても、必ず前の商品を返送してもらう。

「余計な商品をお客様の手許《てもと》に残してなるものか」。そんな気持ちだったのです。

それだけではありません。かつて負債《ふさい》を抱《かか》えていたとき、幹部で経営会議を開けば、いつもご主人が社長としての責任を追及《ついきゅう》される。「あなたたち、社長ばかりを責《せ》めるけど、じゃあ、逆に聞かせてもらいたいわ。あなたたちの責任はいったい何なのよ!」

ご主人に対しても、「あなた、辞表を持ってきたら、絶対受け取ってくださいよ。説得なんてしないでくださいね」「1回引き留《と》めたら、仕方《しかた》なしに残ったということになって、ますます形勢《けいせい》が不利になる」。そうした中で、古くからの幹部社員がどんどん辞《や》めてゆき、2カ月間で10人も辞職したこともありました。

こうした中宮さんの心は、他人《ひと》を信じられず、世界を信じられない心。事態に「悪意《あくい》のサイン」を見てしまう、「苦《く》・暴流《ぼうりゅう》」の心の回路に支配されていたということです。

その心は、絆《きずな》を切り、ものごとを壊《こわ》してしまう。ニヒリズムの重力で周囲を重苦しさに引きずり込んでしまう。

それは、中宮さん自身が抱《かか》えたもう1つの深刻《しんこく》な危機——心の危機だったのではないでしょうか。

「何とかお店を守りたい。主人を支えたい」という想いの一方で、「人も世界も、何も信じられない」——。中宮さんの中では、光と闇《やみ》の心がごちゃごちゃになっていたのです。

そして、その危機は簡単に解決するものではありませんでした。

「私は老舗《しにせ》の女将《おかみ》として、これからどう生きてゆけばよいのだろう。私は何のためにこの家に嫁《とつ》ぎ、なぜ、この人生だったのか……」

中宮さんが「魂の学」と出会ったのは、まさにその頃《ころ》——2005年の秋でした。和議《わぎ》が終結《しゅうけつ》した直後、支店のある東京・日本橋で、拙著《せっちょ》『あなたが生まれてきた理由《わけ》』（三宝出版）のポスターを目にして、釘付《くぎづ》けになってしまったのです。

光と闇《やみ》を弁別《べんべつ》する——呼びかけに応《こた》える歩み

「私が生まれてきた理由《わけ》——。そうなんだ。それが知りたかった！」

「魂の学」に出会い、中宮《なかみや》さんは、あの理《り》不尽《ふじん》な負債《ふさい》という試練は人生からの呼びかけだったと受けとめることができました。人生の使命を果《は》たすために必要な試練だったと思えるようになったのです。

中宮さんは、「魂の学」を学ぶ経営者の集いにも参加し、研鑽《けんさん》と実践《じっせん》を深める一員となりました。

しかし、その中で、どうしても納得《なっとく》がいかないことがありました。

それは、「社員は同志」という言葉でした。

実は、中宮さんが初めて私の講演会に参加されたとき、私は、「中宮さん、社員の皆さんは同志ですよ」と一言お伝えしていたのです。

そのとき、中宮さんは、思わず心の中でこんなふうにつぶやいていました。

「いえ、先生、社員は同志ではありません。どちらかと言えば、敵です」

でも、その後、なぜかそのことが頭から離れませんでした。

「社員は同志……。いったいどういうことなのか。あの事件以来、人は信じられないと強く思ってきた。自分が願っていたのは、主人を支えて、お店の助けになること」

ご主人のために、会社のために、必死で頑張《がんば》っているつもりでした。

しかし、本当に結果が伴《ともな》っているのかと言えば、どうもそうなっていない。せっかく願いを抱《いだ》いて関わっても、願いとは裏腹《うらはら》の現実が生まれている。

「魂の学」を学び始めた中宮さんは、「煩悩地図《ぼんのうちず》」（心の傾向《けいこう》の4つのタイプを詳細《しょうさい》に示したマップ）と「止観《しかん》シート」（心の動きを捉《とら》えるメソッド）によって、自らの心と現実の関係を受けとめることができるようになってきました。

自分が「苦《く》・暴流《ぼうりゅう》」の心に支配されると、現実は壊《こわ》れてしまう。人間関係がギスギスし、お店は殺伐《さつばつ》とした雰囲気《ふんいき》になってゆく。しかし、心が変われば、現実も変わる。同じように見えるカオスも、結晶化《けっしょうか》のさせ方は真逆《まぎゃく》になるほど変わるのです。

多くの「魂の学」の実践者の歩みに触《ふ》れたことも、中宮さんにとって大切な経験となりました。家族との関わりや会社での人間関係を壊《こわ》してきた人が、もう1度、絆《きずな》を結び直す。その驚くべき変化に、もし自分が本心から願うならば、どんな現実も変えてゆくことができると信じられるようになったのです。

そして、少しずつ変化し始めた心で、中宮さんは、日々やってくるカオスに出会ってゆきました。

刻々《こっこく》カオス——1つの出来事に現れる心根《こころね》

3年前の大晦日《おおみそか》のこと——。その日は、閉店時刻の5時を過ぎてもお客様が次々と来られ、お店は多忙を極《きわ》めていました。

そのとき、中宮《なかみや》さんは、社員のAさんが気持ちが入っておらず、真面目《まじめ》に働いていないように感じました。

「何しているの!?」

「自分はもう時間外なんですけど」

「その態度はおかしいわよ！　迷惑《めいわく》です！」

中宮さんがそう言うと、Aさんは「すみません」と言って帰っていったのです。

日常の一場面に過ぎませんが、そのときやってきた刻々《こっこく》カオスに、中宮さんは、そうやって触《ふ》れ、形にしました。

しかしその後、中宮さんは、その出来事が心に引っかかっていました。

「1年の終わりに、どうしてあんなことを言ってしまったんだろう……」

何とも言えない後味《あとあじ》の悪さが残ったのです。

年が明けた仕事始めの3日――。まるで中宮さんの心の葛藤《かっとう》を知るかのように、朝礼の後、Aさんが「お話があります」と近づいてきました。

「長年お世話になって、よくしていただいているにもかかわらず、女将《おかみ》さんの気持ちもわからず、あんな態度を取ってしまって申し訳ありません」

「いいえ、私の方こそ、普段《ふだん》から一生懸命《いっしょうけんめい》仕事をしてくれていたのに、大人げなく怒ってしまって。他《ほか》の人だったら言わなかったけれど、あなたのことを信頼していたから、つい言ってしまったの」

この3日間、互いに嫌《いや》な気持ちを抱《かか》えて過ごしたことを伝え合うと、Aさんはこう言いました。

「もし、女将さんに許していただけないなら、私は森八《もりはち》を辞《や》めてもいいと思っています」

「何を言うの。私にはあなたの力が本当に必要だし、そんなこと言わずに、会社のことを思ってね」

それ以来、Aさんは以前にも増して中宮さんへの信頼を深め、いっそう仕事に邁進《まいしん》するようになったのです。

「辞表を持ってきたら、絶対受け取るのよ」と言っていた、かつての中宮さんだったらどうでしょう。こういう関わりは決して生まれなかったはずです。

何気《なにげ》ない日常、意識することもない平凡な時間に、私たちの心はその素性《すじょう》を明かし、心根をあらわにします。

中宮さんは、日々に訪れる刻々カオスに、人間不信・世界不信ではなく、人間信頼・世界信頼の心で形をつけることができるようになっていたのです。

また、食品偽装《ぎそう》の問題がクローズアップされたとき、森八の工場にも農政局の抜《ぬ》き打ち検査が突然入ったことがありました。このときも、相手に不信感で関わるのではなく、協力的に関わることができました。

それは、自らが心の危機を脱《だつ》し、あの呼びかけカオスを本来あるべき姿に結晶化《けっしょうか》できたということ――。

新たな段階へ――すべてを輝《かがや》かせるテーマカオス

今、中宮《なかみや》さんは、以前とはまったく異《こと》なる気持ちでお店に立っています。

かつては、「自分が見張っていないと社員は働かない」、そう思っていた中宮さんでした。しかし、今は違います。「社員は同志。お客様も同志」――。

その言葉を本当に大切な信条《しんじょう》として、お店を営《いとな》んでいるのです。

そして、中宮さんの想いが変わったとき、社員の皆さんもいきいきと自主的に働き始め、お店の雰囲気《ふんいき》もまったく変わってしまいました。

金沢の400年の歴史を持つ老舗菓子店「森八」の女将、中宮紀伊子さん。60億の負債という巨大な問題を解決した後、中宮さんの前に立ち現れたのは、社員との協働という問題だった。しかし、そのカオスを、中宮さんは自らの心の変革によって見事に乗り越え、今、さらに新たなテーマに挑戦している。

そんな中宮さんとご主人のところに新しいカオスが訪《おとず》れました。

2011年、森八《もりはち》は、金沢市大手町の本店2階に、江戸時代から使われてきた菓子木《き》型《がた》など千数百点を展示した「金沢菓子木型《きがた》美術館」を開設することができました。

その後私は、金沢を訪れたとき、ご主人に館内を案内していただいたことがあります。

小規模な美術館ですが、素晴《すば》らしい構想によって、全体が見事な一体感で構成された展示は、息を呑《の》むような美しさに貫《つらぬ》かれていました。何百年の歴史のある木型からは時代を超えて職人の息づかいが感じられ、しばし時の流れを忘れてしまったほどです。

「森八の歴史を支えてきた菓子をつくる道具――普通なら表舞台には出てこない道具たちを、いつか表に出してやりたい」という18代当主のご主人が長い間温《あたた》めてきた願いであり、1つの青写真でした。

大変な苦労と葛藤《かっとう》を乗り越え、自らを変革し育んで、たどり着いた今――。森八の歴史や商品だけではなく、社員もその心も、道具も、それを支えてきたすべてを表のものとして輝かせる――。それは、中宮さんとご主人が、新たに形をつけた、すべてを輝《かがや》かせるテーマカオス。

あの巨大な負債《ふさい》カオスを光転《こうてん》に導《みちび》き、その後、自身の心の危機を呼びかけたカオスを乗り越え、そして日々のカオスに向き合い、それを1つまた1つと光転に結晶化《けっしょうか》してきたからこそ応《こた》えることのできた、新たな森八のテーマカオスだったと言えるのではないでしょうか。

さあ、いかがでしょう。

いくつものカオスに形をつけては、また新たなカオスに向き合ってきた中宮さんを待っているのは「人生最高峰《さいこうほう》のカオス」。それがどんな人生をつくり、どんな世界を広げてゆくのか——。本当に楽しみです。

人生は、私たちに必要なものすべてを与えてくれます。

たとえ今はそう思えなくても、青写真に至《いた》るカオスを次々に用意してくれるのが人生なのです。

なぜなら、この世界には、私たちを最終的に「最高峰のカオス」に出会わせるように導《みちび》く指導原理《しどうげんり》がはたらいているからです。

文学青年としての始まり

本章の最後にご紹介するのは、長年、司法の世界に関わってきた奥田保《おくだたもつ》さんです。

奥田さんは、2018年5月、突然の病で78年の人生に幕《まく》を下《お》ろし、新たな世界へと旅立ってゆかれました。

若き日の奥田さんは、まず検事として仕事を始めました。しかし、その後、裁判官となり、さらに弁護士へ転身《てんしん》します。多くの人々の人生の岐路《きろ》に立ち会い、困難を助けてこられたその道は、まさに私たちがめざす「人生最高峰《さいこうほう》カオス」への歩みを示しているように思えます。

「検事」「裁判官」「弁護士」というそれぞれの機会に現れたカオスは、間違いなく奥田さんの人生におけるグレートカオスにほかなりませんでした。そこでの判断、行動が、奥田さんのその後の人生の形を決めてゆくことになったからです。

では、奥田さんは、これらのグレートカオスとの対峙《たいじ》を連《つら》ねる中で、最終的に、いかなる人生最高峰のカオスと向かい合おうとしていたのでしょうか。奥田さんの人生の主題とは、一体どのようなものだったのでしょうか。

実は、奥田さんは、最初から法曹界《ほうそうかい》をめざしていたわけではなかったのです。

高校時代は、小説家志望の文学青年で、「世界の憂鬱《ゆううつ》を1人で背負っているような顔をしている」と友人たちから言われていました。

ところが、高校2年のある日、母親が、自身が営《いとな》む店にうどんを食べに来たお客さんに自分のことを相談しているのを聞いてしまうのです。

「息子が小説家になりたいと言って文学部に行こうとしているんです。心配なんですよ……」

文学なんて、ものになるものではない。今まで自分には一言も言わずに心配してくれている母親の気持ちを知り、奥田さんは、その愛情の深さを思わずにはいられませんでした。そして、進路を180度変えて、実務的な道に進もうと決心したのです。

最初のグレートカオス――法律家カオス

奥田さんは、早稲田大学法科に進学しました。その頃《ころ》の気持ちは、「実学を学んで、ちゃんとご飯が食べられるように――」というものでした。

卒業後、すぐに働く必要があった奥田さんは、司法試験という選択《せんたく》は考えていなかったのです。実際、周囲にも司法試験をめざす人はほとんどいませんでした。

ところが、1年生の秋、1人の友人に、半《なか》ば強引《ごういん》に司法試験の勉強を強《し》いられたとき、法律の面白《おもしろ》さに目を開かれます。このとき、奥田さんは人生で最初のグレートカオスとなる法律家カオスに出会っていたのでしょう。

普通の人には難解な法律の条文も、奥田さんの頭にはスルスルと入ってゆきました。司法試験準備のメッカとも言われる中央大学の勉強会にも参加、半数以上の合格者を出す特別なゼミにも出席を許されました。その結果、奥田さんは、大学卒業前に司法試験に合格することができました。

奥田さんは、弁護士になるにはまだ経験が浅いと考えました。ならば裁判官か検事。本当は裁判官になりたかったのですが、裁判官は全国どこに行くかわからない。当時、実家に関わる必要があって、近い任務地に行けそうな検事の道を選んだのです。

高松、丸亀《まるがめ》、尼崎《あまがさき》と赴任《ふにん》した後、神戸の検察庁に赴任《ふにん》したときのことでした。ある裁判で、検察側として死刑を求刑。法律的には妥当《だとう》な求刑《きゅうけい》でしたが、奥田さんは死刑を望んでいませんでした。内心では、まだ更生《こうせい》改善の余地があり、本当は無期懲役《ちょうえき》を求刑したかったのです。

しかし、検事は、自分の思い通りに求刑を決められるわけではありません。検察官一体の原則というものがあり、上から下までが一体となって動かなければなりません。つまり、検察庁の方針や上司の決定は絶対だということです。

検察庁は当該《とうがい》事件の被告に対して、当然、死刑という判断でした。奥田さんは、内心、納得できなくとも、上司に死刑を提案。上級庁の決裁《けっさい》をもらいました。

その帰り道、奥田さんは、周囲のすべてのものが色を失い、まるで灰色の世界にいるような気持ちになっていました。

席に戻《もど》って「死刑の決裁をもらいました」と報告すると、周りの人たちから「よくやった！」と言われます。

しかし、奥田さんは、悲しくてつらくて仕方《しかた》がありませんでした。

「そんなことで悩んでいたら法律家になれないぞ」と諭《さと》されても、奥田さんの心はスッキリしなかったのです。

「自分の力不足で、人の命が失われるのか。僕《ぼく》の人生って何だろう……」

実際の判決は、当初願っていた無期懲役となったのですが、気持ちは少しも晴れませんでした。

このとき、事態から「お前は、ここから何を選択《せんたく》するのか――」と問われていたに違いありません。奥田さんは、1つの結論を出します。

「もっと自由に、自分の良心に従って判断できる仕事につきたい」

そう決意して、検事から裁判官に転身《てんしん》するのです。奥田さんは、次のグレートカオス――裁判官カオスに向かい合ってゆくことになります。

次なるグレートカオス――裁判官カオス

裁判官の生活は、検事時代とはまるで別世界でした。上からの指示はまったくありません。常《つね》に上司の方針に従わなければならなかった検事時代のフラストレーションはなくなり、居心地《いごこち》のよい職場と言えるものでした。

裁判官は、ある意味で、1人ひとりが他《た》から侵《おか》されない城主《じょうしゅ》のような面があります。公平な判決のために、様々な誘惑《ゆうわく》や圧力から自由でなければならない。それだけに、経済を含め、十分な保障が手当てされていました。「今日《こんにち》の社会情勢を考えれば、裁判官には、どこか浮世離《うきよばな》れしているところがありますね」と奥田さんは言われていました。

裁判官として充実した毎日を送り、周囲からの信望《しんぼう》も厚いものがありました。しかし、そこでも、「本当にこのままでよいのだろうか……」という気持ちが湧《わ》き上がるようになったのです。

なぜでしょうか。

それは、裁判官になってから、奥田さんは「魂の学」と出会い、その人間観、人生観を深く学んできたからです。

人は、魂の存在として、この世界に願いと目的を抱《いだ》いて生まれてくる。人生の中で様々な出来事と出会い、その呼びかけに応《こた》えながら、その願いと目的を果《は》たしてゆく。それは、成功も失敗も、大切な出会いもそうは見えない出会いも、すべてを1つに結びつけてゆく歩みです。

誰《だれ》もが様々な試練やマイナスを経験し、多くの不自由や問題を抱《かか》えてしまう。しかし、その体験を深く受けとめ、そのことがあったからこそ放《はな》つことのできる光を周囲に発することができるようになる──。

多くの「魂の学」の実践者《じっせんしゃ》の歩みに触《ふ》れる中で、奥田さんは、人間はいかなる試練や問題を抱えても、そこから立ち直り、新たな人生を生きることができるという確信を与えられたのです。

裁判官は、判決を出すのが仕事です。それは、1人の人生を大きく左右する、大変に責任の重い仕事にほかなりません。無実の人が刑罰《けいばつ》を受けてはならない。しかし、有罪ならば、その罪を償《つぐな》わなければならない。応えるべき道を歩めるように、真実と法律に照らして判断する――。

それでも、「魂の学」に親しんできた奥田さんの中には、「判決で、一件落着《らくちゃく》」ではいけないという気持ちがあったのです。

裁判で取り上げられる事案《じあん》は、現実の世界で起こるものです。事件の白黒を決めても、それだけですべてが解決したとは言えない。加害者の人生も、被害者の人生も、さらに続いてゆくからです。

加害者には、真の意味で立ち直ってもらうこと。そして、被害者の痛みや悲しみが少しでも癒《い》やされ、新たな希望を取り戻《もど》してゆくこと。そこまでやって初めて本当の解決なのではないか――。

しかし、裁判官は、当事者に直接関わって力になることはできない。不自由なく、自分の良心にしたがって判決を決めることができるのが裁判官の仕事。しかし、奥田さんの内から湧《わ》き上がる願いは、そこに限界を見たのです。

いったい、どうすればよいのか――。

ちょうどその頃、私は奥田さんとお会いし、奥田さんの内側からの声について率直にお伝えしました。

「奥田さん、転機が来ています。心の奥の声が響《ひび》いてきました。『このままでよいのか』と尋《たず》ねていらっしゃいましたね。もう、そのときかもしれません。1段高いところからではなく、下に、皆さんと同じ場所に降りてくるときですね。同じ目線で、直接、当事者の方々に関わり、力になってゆく。奥田さんの魂が願っている次の段階に進むときです。

でも、弁護士になるということは、忍土《にんど》の中を深く歩むこと。そのことは覚悟《かくご》しなければなりません。心してください……」

奥田さんは深く頷《うなず》かれ、意を決したというお顔をされていました。

第3のグレートカオス──弁護士カオス

4半世紀という長きにわたって裁判官を務《つと》めてきた奥田さんは、自らの内心の疼《うず》きによって弁護士へ転身《てんしん》。新たな道を歩み始めました。

再び現れたグレートカオス──弁護士カオスに対して、奥田さんは真《ま》っ向《こう》から向かい合ってゆくことになります。

当然のことながら、弁護士の仕事は裁判官のそれとはまったく異《こと》なるものでした。

加害者側に立ち、被害者や被害者の家族にお会いする。もちろん、お会いする場所も時間も、相手の指定通りに動くことになります。かつてのように裁判所で待っているのとは大違いです。

しかも、裁判所で1段高いところに座《ざ》して、常《つね》に礼をもって接してもらえる裁判官とは、ある意味で真逆《まぎゃく》です。

特に、代理人となる加害者が殺人事件の被告人ならば、肉親を失ったご家族にお会いすることになります。相手は当然、加害者に対する抑《おさ》えがたい怒りや憎《にく》しみを抱《いだ》いている人たちです。

その苦しみを思えば、土下座《どげざ》をして頭を下げることも辞《じ》しません。床《ゆか》に額《ひたい》を押しつけて、平身低頭《へいしんていとう》お詫《わ》びすることもありました。しかし、被害者の家族にとって、加害者を助ける弁護士は同罪の存在。怒声《どせい》を浴《あ》びせられることは日常茶飯事《にちじょうさはんじ》です。

初めてそうした場に臨《のぞ》んだとき、「本当に申し訳ありません」と土下座しながら、奥田さんは、「ああ、僕は弁護士になったんだ……」と、実感を噛《か》みしめました。

そして、こう自分に言い聞かせていました。

「これは身代わり菩薩《ぼさつ》なんだ。弁護士は、加害者と心を同通《どうつう》して、加害者になり代わ

って、相手の悲しみと怒りを受けとめなければならない――」

本当につらかった――。しかし、1つ1つの案件が、奥田さんにとって新たなカオスとなりました。検事や裁判官のときには引き出せなかった現実をどう実現するのか。そして、その1つ1つを通じて、奥田さんは「弁護士カオス」というグレートカオスに形をつけていったのです。

本当の後悔と回心《かいしん》が生まれること

かつて、実の父親を包丁《ほうちょう》で刺すという殺人未遂《みすい》事件を起こした20歳の青年の弁護を引き受けたことがありました。

検察側の求刑は懲役《ちょうえき》5年。しかし、判決は、奥田さんの弁護によって、執行猶予《しっこうゆうよ》付きの懲役3年に大きく軽減《けいげん》されたのです。

通常、こうした事件の弁護では、傷が浅かったとか、家庭環境や親子の関係を考えると情状酌量《じょうじょうしゃくりょう》の余地があるなど、とにかく刑を軽くしてもらうことを目的に進められます。

もちろん、奥田さんも、弁護士として、そのことに最大限の努力を払いました。

しかし、もっとも大切にしたのは、この青年の中に本当の後悔が生まれ、青年が回心に導《みちび》かれることでした。

そして、できるなら、この青年には、親子の関わりを結び直してもらいたい——。

奥田さんはそう思ったのです。なぜなら、この事件の背景には、青年と両親との関わりが大きな影を落としていると感じたからでした。そのために奥田さんは、通常の何倍もの時間をかけて、事件に関わる人たちから徹底的《てっていてき》に話を聞いていったのです。

そのとき、確かな土台となったのは、「魂の学」の人間観です。そもそも奥田さんがそこに親子の問題を感じたのも、そのまなざしが確たるものとしてあったからです。

生まれ育ちの中で、3つの「ち」という人生の条件に翻弄《ほんろう》されてしまうのが人間。でも、その奥には、誰《だれ》もが尊い魂の願いを抱《いだ》いている——。

クライアントの話を聞いていると、そこに人生の道すじが透《す》けて見えてきてしまう。

「『魂の学』のまなざしで見ると、人生の道すじがわかってしまう」と奥田さんはよく語っていました。まるで透視《とうし》能力を持ったみたいに見えてきてしまうというのです。

関わりを結び直して新たな家族になる

青年の父親は、上場企業の部長で、世間体《せけんてい》や世間の価値観に基《もと》づいた強い固定観念がはたらいていました。たとえば、息子がカラオケ店でアルバイトをしていると、「カラオケはダメ。そんなところに行けば、いろいろな事件に巻き込まれる」と頭ごなしに一方的に言ってしまう。しかし、奥田さんは「本当にそうなのだろうか」と思い、実際に行ってみると、父親の心配するような環境ではないことがわかります。

「お父さん、先入観を捨ててください。決して、お父さんが考えるような俗《ぞく》っぽい場所ではありません。そこでも本当に親身《しんみ》になってくれる人もいるし、人間的に立派《りっぱ》な方もいますよ」

また、かつて息子が「自分は人をお世話したい。だから福祉の学校に行きたい」と言うと、「福祉施設などで安い給料でやるのはダメ。だから福祉学科のある大学はやめておけと言ったんだ」。そんな父親に対して、奥田さんはこう助言するのです。

「給料が安い高いだけの問題ではないと思います。彼が本当に真摯《しんし》に人のために尽《つ》くしたいと言っている気持ち。それは立派《りっぱ》な志《こころざし》ですよ。それを尊重しなければいけないんじゃないでしょうか」

一方、息子からも話を聞きます。すると、最初は言い訳《わけ》に終始していました。「殺す気はなかった」。さらに、両親から「こんなことをされた。あんなことをされた……」。

奥田さんは、「ご両親にも足《た》りないことはあったかもしれない。でも、よかれと思って、善意から出発して、こうなってしまったんだよ」と語りかけてゆきました。

そして青年に、自分の中に渦巻《うずま》く怒りや不満が原因であることをわかってほしい、心を見つめる「止観《しかん》」ということを学んでほしいと願いました。

彼に拙著《せっちょ》『新・祈りのみち』（三宝出版）の「怒りが湧《わ》き上がるとき」を読んでもらうと、その1節1節が彼の心に染《し》みこんでゆくのがよくわかりました。

なぜ、怒りや不満が渦巻《うずま》くのか。それを生み出しているのは何なのか。何を守ろうとしているのか。そして、本当は、何を願っているのか……。

親への殺意に対しても、奥田さんは、命の尊《とうと》さを伝えようとしました。「人間が生まれてくるということがどれだけ不思議なことか。その不思議を奪《うば》ってはいけない……」

勾留《こうりゅう》されていた約1カ月、青年は、自分の内なる心を初めて見つめ、そしてこれまでの両親との関係を考え続けました。自分の気持ちを見つめられるようになるにつれて、両親の気持ちを理解することができるようになったのです。

「お父さん、お母さんの苦しさもわかるようになった」。そう話すようになりました。

また、お父さんも、「今まで自分は一方的に、息子の気持ちも受けとめず、頭ごなしに押しつけてきた。自分が間違っていた」と言われるようになりました。

そして、執行猶予《しっこうゆうよ》の判決——。

判決の後、このご家族は、再び一緒《いっしょ》に暮らすことになりました。経緯《けいい》を考えれば、それは非常に稀《まれ》なことです。家族1人ひとりが、すでに生まれ変わっていたということではないでしょうか。

青年が家に戻《もど》って間もなく、奥田さんは、1本の電話をもらいました。

「今日は家族で映画を見に行ってきます」

平穏《へいおん》な家族にとっては、何ということのない現実ですが、1度、絆《きずな》を見失ってしまった家族にとって、それは再生の1歩の証《あかし》——。何ともうれしい知らせでした。

新しい家族への歩みが始まったのです。

奥田さんは、このようにして、1つ1つの案件、1つ1つのカオスから、本来そうあるべき形を導《みちび》こうとする歩みを積み重ねてきました。**奥田さんがカオスに形をつけるだけではありません。その結晶化《けっしょうか》を起こすとき、奥田さんの内側にも、新たな境地《きょうち》と智慧《ちえ》が蓄積《ちくせき》されていったのです。**

事態の受けとめ方を変えることはできる

奥田さんは、長年、法曹界《ほうそうかい》の仕事をされながら、同時に薬物依存《やくぶついぞん》の方々への支援《しえん》を続けてきました。

かつて引き受けた薬物依存のBさんの裁判――。

1審で懲役《ちょうえき》3年という判決でした。Bさんとその母親は判決に不満で、相談に来られました。そのとき、奥田さんは「妥当《だとう》な判決です」と率直にお伝えしました。上訴《じょうそ》しても判決は変わらないことが明らかだったからです。

普通の弁護士なら、ここで仕事は終わりです。しかし、奥田さんは違いました。

過去の事実は変えられなくても、その受けとめ方によって過去の意味を変えることができる。そして、過去の意味を変えることができれば、未来を変えることができる。そのような「魂の学」の考え方で、最善《さいぜん》を尽《つ》くしてゆかれたのです。

「判決は変わらなくても、この事態の受けとめ方を変えることはできる」

奥田さんは、Bさんの薬物依存の原因を考えてみました。

人生に起こることは、必ず理由があります。奥田さんは、通常の弁護士以上に、丁寧《ていねい》にBさんの人生に耳を傾《かたむ》けました。その中で、薬物依存の原因を探ってゆくと、すでに亡くなっていた父親との関わりが見えてきたのです。

生前の父親はDV（家庭内暴力）を繰《く》り返していました。その暴力にずっと耐《た》えてきたのが、Bさんと母親でした。Bさんの心の奥底には、父親に対する怒りと不満がずっと消えずに残っていて、誰《だれ》も信じられなくなっていたのです。それがBさんを薬物依存に向かわせた大きな原因だと思われました。

奥田さんは、ここでも『新・祈りのみち』を手がかりに、自分の心と向き合うように誘《いざな》います。その中で、Bさんは、後悔の念を抱《いだ》くようになり、「後悔の向こうに願いが見えます」とおっしゃるようになりました。

そして、1審の判決をすがすがしい想いで受け入れる心に変わっていったのです。

判決は何ら変わらない。しかし、Bさんの心境は、人生の途上《とじょう》で再び生まれ変わったに等しいほど、一変《いっぺん》してしまったのです。

ダルクカオス——薬物依存者《やくぶついぞんしゃ》の支援《しえん》

奥田さんが薬物依存の方々の弁護を引き受けるうえで大きなご縁《えん》となったのは、ダルク（DARC）という薬物依存症リハビリ施設です。

ダルクとの関わりは深く、奥田さんは理事長も引き受けていました。

この施設の責任者である近藤恒夫《こんどうつねお》さんは、かつてご自身も薬物依存の経験を持つ方です。奥田さんは、裁判官時代に近藤さんの裁判を担当したことがあり、それ以来、関係が続いていたのです。


1980年秋の札幌地方裁判所の法廷《ほうてい》——。

奥田さんは、裁《さば》く者と裁かれる者として、近藤さんと出会いました。

それは、奥田さんの人生に現れた「ご縁《えん》カオス」の1つでした。

当初は、そこから次なるグレートカオスへの道が続いてゆくことになるとは、きっと奥田さん自身にもわからなかったに違いありません。

近藤さんは、幼くして両親が離婚。高校時代に競馬や競輪、麻雀《マージャン》など、ギャンブルを覚えてのめり込み、それからも様々な問題を抱《かか》えるなど、安定とは縁遠い生活を送りました。

その後、出来心《できごころ》からつい覚醒剤《かくせいざい》に手を出し、1度だけのつもりが、その魔力《まりょく》から逃《のが》れられなくなり、やがて警察に逮捕《たいほ》され、裁判のときを迎《むか》えていました。

裁判では、最終陳述《ちんじゅつ》という形で被告人が自分の気持ちを述べる機会が与えられます。奥田裁判長に向かい合った近藤さんは、無実を訴《うった》えたり、罪の軽減《けいげん》を嘆願《たんがん》したりすることなく、何と実刑にしてほしいと懇願《こんがん》したのです。

「私は、覚醒剤をやめるために今日《こんにち》まで様々な努力をしてきました。でも、すべて無《む》駄《だ》でした。もう疲れました。私の希望は刑務所に入ることです。どうか、裁判長。実刑判決にして、私を刑務所にぶちこんでください」

奥田さんは、実刑志願の言葉に内心驚きながらも、近藤さんにどんな判決を下《くだ》すべきか、考えに考え、迷いに迷いました。

近藤さんの言葉は、お膳立《ぜんだ》てされた反省の弁《べん》などではない。紛《まぎ》れもなく自分自身の本心の言葉――。ならば、本人の立ち直る力を信じてみようと心が定まったのです。

「被告人を懲役《ちょうえき》1年2月《げつ》に処《しょ》す。ただし、刑の確定の日から4年間、刑の執行《しっこう》を猶予《ゆうよ》し、保護観察に付《ふ》する……」

奥田さんが下《くだ》した判決です。

その猶予の期間が終わる4年後の1984年の秋、奥田さんは、近藤さんから手紙を受け取ります。通常、裁判所に送られてきたそうした手紙に返事を書くことはないそうですが、奥田さんは、矢も盾《たて》もたまらず返事を書きました。
「クリーンで過ごせてよかった。人々のために尽《つ》くしたいとの決意ですが、その意志を継続《けいぞく》して頑張《がんば》ってください」

「生まれ変わってほしい」

年が明けた1月、再び手紙が届きます。それは、薬物依存者《やくぶついぞんしゃ》のためのセミナーへの招待《しょうたい》でした。１人の神父との出会いによって、人生を生き直そうと決心した近藤《こんどう》さんは、自分と同じように薬物依存に苦しむ人たちの支援《しえん》をしてゆこうと歩み始めていたのです。

しかし、現役の裁判官が、そうした場所に行くことはまずありません。今でこそ、裁判所や警察からも認知されているダルクですが、当時は何の社会的認知もありませんでした。裁判官がそうした場に赴《おもむ》き、万が一何かが起これば、批判は免《まぬか》れない。裁判所の常識からすれば、考えるまでもなく忌避《きひ》すべき状況です。

しかし、奥田さんは、いろいろなリスクが思い浮かぶ一方で、なぜか参加しようという気持ちを固めてしまったのです。

ここに、自分をさらけ出して、他の人たちを助けようとしている人間がいる。ならば、

その気持ちに応《こた》えずにいられるか——。

「自分がはみ出して、異端《いたん》の道を歩み始めた1歩だった」と奥田さんは当時を振り返っています。ダルクカオスに応える歩みの中で、次なるグレートカオスが準備されていったということでしょう。

それから半年後、ダルクが発足。その2回目のセミナーに参加していた奥田さんは、近藤さんからこう言われます。

「先生が僕たちのグループに入り、フォーラムに出席してくださることで咎《とが》められ、万が一、裁判官を辞《や》められることがあったら、そのときは僕が骨を拾います」

以後、生涯《しょうがい》にわたって奥田さんは、可能な限りの助力を近藤さんたちの活動に注《そそ》いでいったのです。

近藤さんたちが始めたダルクは、全国各地に広がり、現在では70カ所で活動中です。

近藤さんとの出会いというご縁《えん》カオスから始まり、その後いくつものカオスを準備カオスとして、ダルクカオスは、こういう形に結晶化《けっしょうか》したということです。

なぜ、奥田さんは、近藤さんとの出会いをこれほど大切にされたのでしょうか。

それは、奥田さんが本当に果《は》たしたかった「願い」とつながっていたからです。

講演の中で、奥田さんの実践の歩みを紐解いてゆく著者。奥田さん自身も知らなかった、秘められた人生の意味がそこで明かされてゆく。終了後、奥田さんはこう語っている。「今日、今までの人生のたくさんの出来事が数珠のようにつながりました。本当にこの世に生まれてきてよかったと実感しています」

1人の神父との出会いによって、荒《すさ》んだ人生からの生まれ変わりを果たし、苦しむ人たちを助けてきた近藤さんの歩み——。その人生途上《とじょう》の生まれ変わりこそ、奥田さんが法律家として出会うお1人お1人に心から願っていたことだったからです。だから応援せずにはいられなかったのです。

最高峰《さいこうほう》カオスに応《こた》える——再生の法務

人は、永遠の生命を抱《いだ》く魂の存在です。

様々な人生の条件を引き受け、そこに訪《おとず》れる無数の出会いと出来事の中で、魂が抱いている願いと目的を果《は》たそうとする——。**魂は、実在界《じつざいかい》と現象界《げんしょうかい》という2つの世界からの系譜《けいふ》を引き受けて人生を生きてゆきます。**

第1の系譜は、魂の世界である実在界から引き受ける魂願《こんがん》とカルマです。

魂願とは、魂に刻《きざ》まれた願い。幾度《いくど》もの人生を貫《つらぬ》いてもどうしても果たしたいという願い。そして、それを阻《はば》むものがカルマというエネルギーです。

第2の系譜は、現象界から魂が引き受ける人生の条件です。

その最たるものは、3つの「ち」——「血」「地」「知」にほかなりません。3つの「ち」

は往々《おうおう》にして、魂の可能性以上に、カルマの制約を引き出してしまいます。

もし、奥田さんが、その3つの「ち」に動かされるままだったら、検事、裁判官、弁護士の道を歩むことになったでしょうか。きっとそうはされなかったでしょう。

奥田さんを動かしていたのは、魂の次元からやってくる動機でした。魂願の次元に接続されていたからこそ、その歩みを果たすことができたのです。

奥田さんの歩みを見守ってきた私にとって、その人生に一貫《いっかん》しているものがあることは明らかでした。それは、「裁《さば》く」のではなく、「再生」させるということ。

様々な理由から罪を犯《おか》さざるを得なかった人間が、罪を認め、心の底から悔《く》いて、新たな自分を生き始める。そこに関わらせていただくことこそが、法律家、弁護士のはたらきの本質ではないのか――。

検事のときの苦悩も、裁判官のときのもどかしさも、この「再生」につながらず、迫《せま》りきれない苦しみでした。

そして、奥田さんが自らの魂を掘削《くっさく》するように掘り進んで、最後に到達した弁護士というはたらき。そこに至《いた》って、初めて「再生」のはたらきが具体的な形を持ち始めたのです。

人生を超える願い

初めて奥田さんにお会いしたのは、30年ほど前のこと——。

そのとき私は、「奥田さんは、過去世《かこぜ》も法に関わっていた魂ですよ」とお伝えしました。

それは、奥田さんの背後に、1つのヴィジョンが見えていたからです。

夜の暗闇《くらやみ》の中に黒いマント姿の髭《ひげ》を蓄《たくわ》えた男性の姿。緊張感と不穏《ふおん》な気配《けはい》が混《ま》じり合った特別な時を感じました。そこには何人かの人がいて、その中心にいるのは、多くの人々の魂を導《みちび》いたイエスであることがわかりました。

その男性——過去世の奥田さん——は、黒いマントを羽織《はお》り、人目をはばかるようにしてイエスに会いに来ていたのです。

「あなたが説くところ、あなたの業《わざ》を見れば、あなたが特別な方、神の子であることはわかります。私は、本当の生き方を知りたいんです……」

男の内心に疼《うず》く想いを感じたイエスはこう言います。

「それなら、あなたはもう1度生まれなければなりません」

「でも、もう1度生まれるって、どうやって生まれるんですか。母親の胎内《たいない》に戻《もど》ることなんて無理です」

「そうではない。もう1度生まれることは、魂として生まれるということ。それが、信仰というものだ」

このヴィジョンは、奥田さんの魂が何を願って生まれてきたのか、その鍵《かぎ》を明かすものでした。

そして、今から10年前の秋、私は時を感じ、奥田さんにお会いしました。奥田さんが、人生最高峰《さいこうほう》カオスに触《ふ》れ始めようとしていたときでした。

これまでの奥田さんの不思議な人生の歩みをたどり、そのすべてを貫《つらぬ》いた魂の動機とこれからの歩みについて、かつて心に映《うつ》ったヴィジョンとともにお伝えしたのです。

奥田さんが何よりも求めてきたのは、人間がその人生の途上《とじょう》で「生まれ変わる」こと。なぜ、奥田さんが、当初は考えてもいなかった法律家の仕事へと導かれたのか。現実の要請《ようせい》から検事という仕事を選びながら、なぜそれに留《とど》まることができず、裁判官、さらに弁護士へという変遷《へんせん》をたどってきたのか。なぜ、ダルクの近藤《こんどう》さんの人生にあれほど感銘《かんめい》を受けたのか。「魂の学」に触れて、それを人生の拠《よ》りどころとしたのはなぜなのか。

奥田総合法律事務所にて。検事、裁判官を経て、弁護士になった奥田さんがたどり着いたテーマは「再生の法務」だった。いかなる運命を背負おうと、もう１度新たな人間として生まれ直すこと。その願いは、法務の仲間たちによって今も引き継がれている。

そして、初めてお会いしたときに受けとめたヴィジョンが指し示していることは何なのか――。

それらすべての矢印は、ただ1点に向かっている。

それは、人がもう1度生まれること。いかなる運命を背負おうと、いかなる失敗や問題を抱《かか》えようと、いかなる罪を犯《おか》そうと、人はもう1度、新たな人間として、魂として生まれ直し、歩み始めることができる――。

奥田さんが人生をかけて求めてきたこと、そして改めてこれから取り組まなければならないのは、まさにそのための「再生の法務」ではないか――。

そして、あなたがかつての人生で願ったことも、まさに自らがもう1度生まれることだった――。

奥田さん自身にとっても、「生まれ直すこと――再生」は、ずっと心にあった言葉でした。人生の様々な場面で、人間の生き直し、再生について考え、語ってきました。

検事のときも、裁判官のときも、弁護士を続けている間も、なぜか、「もう1度生まれるんだよ」と言い続けてきました。

しかし、このとき初めて「自分の人生が全部1つにつながった――」と心の底から納得できたと言われたのです。

再生の法務――。それこそが、奥田さんの人生の主題であり、天が奥田さんに与えた人生の使命だったのです。

奥田さんは、検事、裁判官、弁護士、そしてダルクといった数々のグレートカオスと出会う中で、人生のマキシマを取り出すことに導《みちび》かれました。そして、だからこそ「再生の法務」という「人生最高峰《さいこうほう》のカオス」への挑戦権《ちょうせんけん》を得たということなのです。

以来、10年間、「魂の学」に導かれながら、多くの助力に支えられながら、自らの「再生の法務」の道を錬磨《れんま》し続け、それだけではなく、「再生の法務」をテーマにした活動を続けてきました。

そしてそれに邁進《まいしん》できたのは、奥様やご家族の支えと理解があったからであることは言うまでもありません。その礎《いしずえ》があって、奥田さんは使命の地平を、思いきり駆《か》けることができたのです。

そして、2018年5月、心臓の病で、突然、倒れた日のこと――。

奥田さんは、「魂の学」を共に学ぶ法律家の仲間と一緒《いっしょ》に、まさにこの「再生の法務」の今後について、熱心に語り合っていました。その後、体調が急変し、やむなく人生の幕《まく》を閉じて、次の世界へと旅立たなければならなくなりました。それは、法務の仲間たちにとって、また私にとっても、残念でならない出来事です。

しかし、奥田さんにとって、人生最後の仕事が「再生の法務」の土台づくりとなったことは、何よりも深く納得されていることだと思えるのです。

奥田さんの魂は、きっとこう語っているでしょう。

「僕《ぼく》は、ここまで取り組んだよ。これは僕の人生の青写真であり、人生をかけた願い。あとはみんなに任《まか》せる。どこまで具現《ぐげん》できるか、楽しみに見ているからね」

そして、そのバトン――「再生の法務」が、あとを担《にな》う仲間によってさらに輝《かがや》きを増し、1人ひとりの心にずっと息づいてゆくのをいつまでも見守っているに違いありません。

エピローグ——あなたはどこから来てどこへゆくのか

魂の存在として——本当に大切なこと

ここまで「最高の人生」とそのつくり方について、探究の歩みを重ねてきました。

あなたは今、「最高の人生」への手がかりが、私たちの日々、そしてこれまでたどってきた人生の足跡《そくせき》の中に、重層的《じゅうそうてき》に散《ち》りばめられ、張り巡《めぐ》らされていることを感じていらっしゃるでしょうか。

しかし、その手がかりを得たとしても、それを人生の現実に結晶化《けっしょうか》するために必ず通らなければならない道があります。

人は、多くのものを外から内に吸収し、それを今度は、自分の生き方として内から外に放出《ほうしゅつ》することによって、人生をつくってゆきます。

外から内に受けとめ、吸収することをアウトサイドイン、内から外に出力、発信することをインサイドアウトと言います。つまり、このアウトサイドイン、インサイドアウトの循環《じゅんかん》をどれだけ錬磨《れんま》し、凝縮《ぎょうしゅく》できるか、それが人生に秘められた力の源泉《げんせん》——マキシマを取り出す鍵《かぎ》になるのです。

アウトサイドインが「魂」の願いを目覚めさせ、その「魂」の願いがインサイドアウトして「現実」に結晶化を果《は》たすとき、私たちは、人生のマキシマを取り出すことができたと言えます。

そしてそのとき、私たちの「最高の人生」は現実のものとなるのです。

本書を熱心に読んでくださった方ならば、そのために、人間を魂とみる人間観・世界観が大きな力となることを実感されていると思います。

そして、その道には、本当に大切なことと、そうではないことがあることが透《す》けて見えてきているのではないでしょうか。

その感覚を手放すことなく、最後の探究に進んでゆきたいと思います。

このエピローグを通じて、私が、読者の皆さんにお伝えしたいことは、**この世界には、私たちが魂の存在として歩むべき人生の道があり、それは、私たちを「最高の人生」に導《みちび》く王道として用意されているということ――。**

世界はわからないことだらけ

今、人類が進歩と進化の最先端《さいせんたん》に立っていることを疑う人はいないでしょう。
科学の探究は、マクロは４６４億光年の宇宙の果《は》てを見据《みす》え、ミクロは生命の神秘《しんぴ》、物質の極限《きょくげん》の単位、素粒子《そりゅうし》の謎《なぞ》にまで及んでいます。

宇宙旅行の予約を受けつける会社がすでに世界に5社も現れ、２００３年には、ヒトゲノム計画によって人間のすべての遺伝子《いでんし》情報の解読が完了。ＡＩ《エーアイ》（人工知能）は様々な人間の能力を凌駕《りょうが》する段階に入っています。

しかし、実態は、まだまだよくわからないことが多くあります。

宇宙を解明しつつあると言われても、実は、人間が解明したのは、宇宙を構成する物質の5％に過ぎず、95％を占めるダークマターとダークエネルギーについては、それがどういうもので、どんなはたらきをしているのかという基本的なことさえ、よくわかっていません。

人間のゲノム情報も同様です。すべて解読されたと言っても、その機能と意味が明らかになっているのは2％に過ぎず、残りの98％はまだ解明されていないのです。

これまでジャンクＤＮＡ＝遺伝子のガラクタと言われてきた部分には、遺伝子が運ぶ機能を安定的に発現《はつげん》させるはたらきや、そのための無数のスイッチのはたらきの意味があることが少しずつわかってきた段階です。

また、人工知能の研究の最終的なゴールは、人間のように主体的にものごとを考え、判断する汎用《はんよう》人工知能の開発と言われています。

しかし、現在、世の中で活躍《かつやく》する人工知能は、特化型人工知能と呼ばれている限定的な機能のものにすぎません。囲碁《いご》のＡＩは囲碁しかできず、他《ほか》のことはできません。汎用人工知能の実現は、まだその端緒《たんしょ》についたばかりと言われます。２０４５年にも起こるとされるシンギュラリティ（ＡＩが全人類の知性を超える転換点）についても、現代の技術では起こり得ないという指摘《してき》もあります。

つまり、こういうことでしょう。私たちの世界には、宇宙の謎《なぞ》も、生命の謎も、人間の知能の謎も、まだ計《はか》りしれないほど存在している――。むしろ、わからないことだらけということなのではないでしょうか。

そして、忘れてはならないのは、有史《ゆうし》以来、私たち人間が、文明文化の違いを超えて抱《いだ》いている謎――「存在の問い」と呼ぶべきものがあるということです。

「存在の問い」に応《こた》えなければならない

私は何者なのか。
なぜ私は私なのか。
なぜ私は生きているのか。
人生をどう生きたらいいのか。
人はどこから来て、どこへゆくのか。

無数の人々が、様々な時代と場所で、これらの問いをつぶやいてきました。あなたも、人生のどこかで、こうした問いかけを心の中で発したことがあるのではないでしょうか。たとえ同じ言葉ではなくても、誰《だれ》もが、心の片隅《かたすみ》に「存在の問い」のかけらを抱《いだ》いていて、折《おり》に触《ふ》れて、それを思い出す——。

人間にとって、その問いが、それだけ根源的《こんげんてき》なものだということでしょう。

では、私たちは、その問いに対する解答を手にしたのでしょうか。

否《いな》——。著《いちじる》しい進歩と進化を果《は》たしたはずの人類は、いまだに、これらの問いに対する答えをもっていません。むしろ、その「問い」をどこかに置き忘れて突き進んできてしまったのが、今日《こんにち》の人間社会なのではないでしょうか。

教育が普及《ふきゅう》して、どれほど多くの知識を与えても、学校教育では、この問いかけに真剣に向き合うことはまずありません。

科学も、その問いに答えることはできません。すでに本書の中でも触れてきたように、科学は、ものごとがどのようになっているかは探究できても、それがなぜあるのか、その意味を解明《かいめい》することはできないからです。

「存在の問い」は、科学が扱う範疇《はんちゅう》を超えた問題なのです。

ところが、この「存在の問い」は、私たちが、人生を生きるうえで、なくてはならない大切なものです。

この問いに応えることなくして、「最高の人生」を求めることはできない——。

そして、「魂の学」は、まさに、この原初《げんしょ》からの「存在の問い」にこそ、応えようとしてきたものにほかなりません。

母子家庭という3つの「ち」

愛知県議会議員として活躍《かつやく》している中村友美《ともみ》さんは、まさにこの「存在の問い」に応《こた》えようとひとすじの道を歩んできたお1人です。

中村さんは、1987年、27歳で県議会議員に初当選。以来、30年にわたって、愛知県の行政に深く関わってきました。

中村さんの人生を決定づけたもの――。

それは、4歳のクリスマスの日に起こった出来事でした。一家の中心だった父親が交通事故で亡くなってしまったのです。

中村家を襲《おそ》った突然の不幸――。幼かった中村さんにとって、その出来事はどれほどの打撃《だげき》となったことでしょう。その日を境《さかい》として、中村家は何もかもが変わってしまいました。

まず何よりも、中村さんにとって、お母様の変わりようが1番でした。

母親は、夜間部もある洋裁《ようさい》学校で教えるようになります。今まで一家を支えていた大《だい》黒柱《こくばしら》を失って、今度は自分が、気丈《きじょう》にすべてを背負ってゆかなければならないのです。

幼い中村さんに、そんな母親の想いを思いやれるはずもありません。それからというもの、母親は、いつもイライラして怒っているように見えました。

「片親だからといって後ろ指を指《さ》されてはならない」「しっかりしなきゃいけない」「負けちゃいけない」「頑張《がんば》らなきゃいけない」……。風邪《かぜ》を引くと「気が張っていないから風邪を引くんだ」と叱《しか》られました。

幼稚園《ようちえん》時代は、家に帰ってきても誰《だれ》もいません。そのため、いつも友だちの家に遊びに行って、ご飯を食べさせてもらったり、お風呂《ふろ》に入らせてもらったりしていました。

中村さんは、何でも自分1人でこなせるようになってゆきます。小学校、中学校と大きくなるにつれて、掃除《そうじ》、洗濯《せんたく》はもちろん、お弁当も自分でつくって学校に通《かよ》いました。

やがて、受けとめてくれない母親に反発するようになりました。

高校時代は、不良ぶったこともありました。今からは想像もつきませんが、当時はスカートを長くして先生に叱られたり、学校をさぼってどこかに遊びに行ってしまったり……そんなこともあったのです。

高校、短大は、交通遺児育英会《いじいくえいかい》から奨学金《しょうがくきん》を借《か》りて通《かよ》っていました。親に頼《たよ》るのではなく、バイトをしながら、自分で学費を稼《かせ》いでいました。

母親に相談しても、どうせ叱られるだけ――。自分のことは全部自分でやってきた。そんな気持ちでした。いつしか母親との間には、大きな溝《みぞ》が生じていたのです。

中村さんが引き受けた3つの「ち」――。その第1は、「母子家庭《ぼし》」という条件でした。プロローグでも触《ふ》れたように、わが国の相対的貧困率《そうたいてきひんこんりつ》は世界でも有数《ゆうすう》の高さです。中でも、母子家庭や父子《ふし》家庭における相対的貧困率はOECD《オーイーシーディー》諸国の中で第1位という状況があります。つまり、母子家庭であれば、それだけ困難な状況にさらされるということです。中村さんも例外ではありませんでした。

父親を失ったことも、母親が厳《きび》しい母親になってしまったことも、貧しい生活を余儀《よぎ》なくされたことも、なぜなのか――。なぜ、自分はこんな人生なのか、中村さんがどれほど思っても、答えてくれる人はいませんでした。

男女差別という3つの「ち」

そしてもう1つ、中村さんの中に流れ込んだもの――。それは、時代が抱《かか》えていた「男女差別」という3つの「ち」です。

先にも触《ふ》れたように、「母子《ぼし》家庭であっても、負けてはいけない」、そう戒《いまし》める母親です。自分も必死に仕事をして生活を支えていました。

しかし、中村さんから見ると、「母はあんなに一生懸命《いっしょうけんめい》働いているのに、何で男の人とこんなにも賃金《ちんぎん》が違うのか――」。何度もそう思わずにはいられなかったのです。

短大を卒業後、就職した会社で、中村さんは、今度は自分が同じ矛盾《むじゅん》を経験します。男女の差は歴然《れきぜん》としていました。賃金だけでなく、仕事自体が違うのです。お茶汲《く》みや雑用《ざつよう》はみな、女性社員の仕事でした。

「女は男性の補助しかできないのか――」

どうにも納得《なっとく》がゆきませんでした。ほどなくして、中村さんはその会社を辞《や》めてしまいます。

これは、中村さんだけの問題ではなかったでしょう。

わが国は男女雇用機会均等法《こようきかいきんとうほう》こそ制定されたものの、今日《こんにち》においても、その理想とはほど遠い状況があります。

2017年に報告されたOECD《オーイーシーディー》諸国を対象にした男女間の賃金格差《かくさ》の調査では、日本は25・7%で、韓国に次いで格差が大きい国となっています。また、女性の地位を教育、政治、経済、健康の4分野の分析からランキング化するジェンダーギャップ指数《しすう》（世界経済フォーラム）によれば、対象国144カ国の中で、わが国は総合114位と低迷《ていめい》。実際、日本の女性の約7割が不平等を実感しているという調査もあります。

つまりそれだけ、社会には暗黙《あんもく》の前提《ぜんてい》として、差別が根強く残っているということではないでしょうか。中村さんが高校を出たのは今から40年以上前。格差や差別は、それ以上のものがあったでしょう。そうした理《り》不尽《ふじん》さの中で、中村さんは大きな圧迫《あっぱく》を受けていたのです。

3つの「ち」の重力圏《けん》——宿命の洞窟《どうくつ》

「母子《ぼし》家庭」「男女差別」という2つの条件——。その2つを引き受けることによって、中村さんの人生は形づくられてゆきました。

そこに生まれるのは、3つの「ち」に縛《しば》られる重力圏——。

私たちの人生にとって、3つの「ち」はなくてはならないものです。それなしには、人は人生を始めることができません。

しかし、同時に、3つの「ち」は、大きな制約をもたらすもの。その多くが、人間が生きる世界の歪《ゆが》みや澱《おり》を運んでくるものだからです。その結果、3つの「ち」は、人間の中から光よりも闇《やみ》を引き出し、大きな束縛《そくばく》と不自由を与えてしまう。

中村さんも、「母子家庭」「男女差別」という条件のために、どれほどの束縛と不自由を被《こうむ》ったでしょう。それは、ご本人が意識している以上のものがあったに違いありません。母親との関係も、この条件のために捩《ねじ》れを抱《かか》えました。

まるで、そうなることが定《さだめ》であったかのように、私たちは、身動きが取れない狭い重力圏に押し込められてしまうのです。

その不自由さゆえに、人を憎《にく》んだり、恐れたり、傲慢《ごうまん》になったり、自信を失ったりして選択《せんたく》を誤り、さらにどうすることもできない不自由さに自分を追い込んでしまうことも少なくありません。

だからこそ、私は、この重力圏のことを**「宿命の洞窟」**と呼んできました。

もし、中村さんが、3つの「ち」を無自覚に引き受けたまま、この「宿命の洞窟」の中で一生を過ごすことになったら、どうでしょう。

中村さんの「人生の青写真」は、その3つの「ち」に抑《おさ》えつけられ、人生のマキシマを取り出すことなど、到底《とうてい》できないでしょう。

しかも、私たち人間は、この「宿命の洞窟」を脱《だっ》する方法を教えられていません。

幼い頃《ころ》、中村さんは、周囲の人たちから、自分の人生の境遇《きょうぐう》——父を亡くし、厳《きび》しい環境に置かれていることについて、「それは運命だから仕方《しかた》がない」と言われてきました。さらに、名前の画数《かくすう》が悪い、土地の運気《うんき》が悪い（霊に縛《しば》られている）、先祖供養《せんぞくよう》が足《た》りない。だから、名前の画数を変えなさい。お祓《はら》いをしてもらいなさい、先祖供養をしなさい……。

それでは、この3つの「ち」の重力圏＝「宿命の洞窟」を抜け出すことはできません。なぜなら、その重力圏と向き合うことさえしていないからです。

しかし、中村さんは、「宿命の洞窟」を脱出しようと、新たな歩みに踏み出していったのです。それは、中村さんにとって、政治家への道を歩むことでした。

政治家への道

しかし、確固《かっこ》とした志《こころざし》があったわけではありませんでした。それどころか最初は、政治のことなど考えたこともなかったのです。

会社を辞《や》めて、仕事を探していた頃《ころ》のことです。ちょうど参議院議員選挙があり、知人から、「仕事がないのなら、選挙を手伝ってくれ」と言われ、それほど深く考えることもなく、中村さんは選挙事務所の事務を手伝うことにしました。

その後、政党事務所で働くことになり、そこで、毎日のように飛び込んでくる原発《げんぱつ》の問題、社会の問題、デモやメーデーの活動など、様々な社会問題の現実を目《ま》の当《あ》たりにしていったのです。

そういう中で、中村さんが在住している地域の県会議員の方が病気で出馬《しゅつば》できなくなるということが起こります。すると、事務職だった中村さんに突然、声がかかり、「お前が出ろ」ということになったのです。

選挙運動は、その準備も含め、1カ月しかありませんでした。選挙中、街頭《がいとう》演説をすると、「女は主婦をしていればいいんだ」「あんたみたいな者が何をやるんだ」と、批判《ひはん》や中傷《ちゅうしょう》を受けることもありました。しかし、必死の運動の甲斐《かい》あって、見事当選。27歳で議員になったのです。

若くて、きれいで、素敵《すてき》な女性議員さん。当時、中村さんのような県会議員はほとんどいませんでした。若手のホープと言われ、その後も大半の選挙でトップ当選を続け、今日《こんにち》に至《いた》っているのです。

政治家としての仕事

中村さんが県会議員として果《は》たしてきた仕事は、決して小さなものではありません。女性で初めて、県議会会派の三役のトップである議員団の団長を担《にな》ったのは中村さんです。

2人の息子さんの母親として、子育てをしながら、中村さんは議員の仕事を続けました。会議中でも、「子どもを迎《むか》えに行きますから」と言って、途中で保育園に行く。逆に夕食中、子どもに対して、「今から会合に行かなければならないから、早く食べなさい」とせかすこともありました。

出産のときも苦労がありました。まだ妊婦《にんぷ》マークもなかった時代です。議会では40分、立ったままの質問。妊婦への配慮《はいりょ》を公的なものにするという意味もあって、座《すわ》って質問するために、議場《ぎじょう》に椅子《いす》を持ち込んだこともあります。ブーイングも受けましたが、中村さんは揺《ゆ》らがなかったのです。

今日では、公共施設に普通に見られる授乳室《じゅにゅうしつ》やオムツ交換室の設置を積極的に行ったのも中村さんです。

愛知県男女共同参画推進《さんかくすいしん》条例は、どの県よりも早くつくり上げました。

男性しか利用できなかった東京の愛知県学生寮《りょう》。それはおかしいということで、女性寮を併設《へいせつ》しました。

愛知県の審議会《しんぎかい》等委員への女性の登用率《とうようりつ》は、現在35％を超えています。しかし、中村さんが県議を始めた頃《ころ》は、本当に一握《ひとにぎ》りしかいませんでした。それを推進《すいしん》してきたのも、中村さんだったのです。

そして、母子家庭や父子家庭の子どもたちは、先述のように、経済的に逼迫《ひっぱく》していることも少なくありません。そういう境遇《きょうぐう》にある高校生たちを中心に、様々な問題を抱《かか》えた高校生をサポートするスクールソーシャルワーカー制度を導入。

勉強したくても、塾に行けない子どもたちのために、大学生のボランティア等による学習支援《しえん》制度を確立。

さらに、インターンとしてやってきた1人の若い女性との出会いをきっかけとして、LGBT《エルジービーティー》、性的マイノリティの人権を守る運動を推進。愛知県では、先進的にLGBT相談窓口が開設され、支援の施策が広がっています。

愛知県議会で発言する中村さん。女性初の議員団団長を務めたほか、公共施設に授乳室やオムツ交換室を設置し、愛知県男女共同参画推進条例の制定に尽力し、スクールソーシャルワーカー制度など、様々な制度の確立に努めてきた。

運命の逆転──3つの「ち」と闘《たたか》う

いかがでしょうか。中村さんが県会議員として、これまで取り組まれてきた業績の数々──。それらは、中村さんの前に、多くはテーマカオスや呼びかけカオスとして訪《おとず》れていたものでしょう。中村さんは、その1つ1つに心を尽《つ》くして、結晶化《けっしょうか》させていったのです

そこには、1本の心棒《しんぼう》が貫《つらぬ》かれているのがわかります。

もう1度、これらの1つ1つの業績を見ていただきたいと思います。

それらはまさに、中村さんが引き受けた「母子《ぼし》家庭」、そして「男女差別」という、3つの「ち」の重力と闘《たたか》う中から生まれてきたものばかりです。

中村さんがその歩みにおいて、とりわけこだわってきたのは、女性や弱い立場にある人たちが安心していきいきと輝《かがや》ける社会の実現ということ──。それは、それまで当然の前提とされてきた様々な古い因習《いんしゅう》と闘《たたか》い続けることを意味していました。その点で、中村さんは1歩も引かない熱血漢《ねっけつかん》でした。

困っている人を見ると助けずにはいられない。それが中村さんの根本にある行動規範《きはん》

であり、生き方なのです。

もし、中村さんが、3つの「ち」のままに、「宿命の洞窟《どうくつ》」の束縛《そくばく》に身を預けたままなら、これらの業績は決してこの世界には現れなかったでしょう。運命に反発し、それを逆転させようとする努力の中から生まれていったものなのです。

中村さんは、こういう形で、「宿命の洞窟」を脱出《だっしゅつ》しようとしました。

しかし、考えてみていただきたいのです。

同じ3つの「ち」を引き受けても、まったく別の人生を歩む人もいるはずです。

たとえば、「自分の人生は、これだけ厳《きび》しい条件を引き受けた。ましてや、男女差別がある世界――。ならば、頼《たよ》りがいのある夫を見つけて、専業《せんぎょう》主婦として幸せな家庭をつくろう――」。そう考えてもおかしくはありません。むしろ、そう考える人の方が多いのではないでしょうか。

しかし、中村さんは、そうは考えませんでした。

なぜでしょうか。

それが、私たちの心に流れ込んでいるもう1つの力、魂からの魂願《こんがん》とカルマ。この場合で言えば、魂の願いだったということです。

1人ひとりの尊厳《そんげん》、そして1人ひとりの人生の輝《かがや》きを求める――。そういう魂の願いをもつ中村さんだったから、中村さんは、こうした形で「宿命の洞窟」を脱しようとしたということです。中村さんは、まさにそのようにして、3つの「ち」の重力圏《けん》を脱したということなのです。

でもまだ、人生の道のりは終わりではありません。

人生には、さらにそこから先があるのです。私たちが生まれてきた理由《わけ》、私たちがそこで生きる理由に応《こた》えて歩む次元、私たちの人生に託《たく》された使命を果《は》たす場所――。それを私は、「使命の地平」と呼んでいます。その「使命の地平」へと抜《ぬ》け出さなければ、本当の人生の青写真を具現《ぐげん》することは叶《かな》わないということです。

「最高の人生」を望みみる――使命の地平へ

中村さんが、そこから、さらにその先の次元へと抜《ぬ》け出るためには、「魂の学」の力が絶対に必要でした。それはどういうことでしょう。

中村さんにとって大きかったのは、何と言っても、**「魂・心・現実」の人間観**でした。どんな境遇《きょうぐう》に生まれても、その人の魂の中には願いがある。しかし、同時に、人はこの世界に生まれれば、3つの「ち」を吸い込み、心はその色に染《そ》まってしまう。3つの「ち」によって人は動かされ、争いや戦《たたか》いも辞《じ》さなくなる。この人間観によって、中村さんの世界に対するまなざしはまったく変わってしまったのです。

日々、出会う1人ひとりの存在をどう受けとめるのか、その確かな座標軸《ざひょうじく》を心に定めたのです。

その人間観によって、かつて溝《みぞ》を抱《かか》えた母親との関わりもすっかり変わりました。関わりを歪《ゆが》ませた3つの「ち」を理解し、関わりを修復《しゅうふく》したのです。母親の晩年は、共に「魂の学」を学び、親友のように仲のよい親子になっていました。

そして、もう1つ大きかったのは、**「魂の学」の人間観、すなわち「魂・心・現実」の法則にしたがって、それを実践《じっせん》する「魂の学」のプロジェクト（セミナーの運営などを通して、仲間と共に心を見つめ、研鑽《けんさん》し合う場）の体験でした。**

政治の世界での人間関係は、ある意味、3つの「ち」のぶつかり合いです。

その中で、多くの人が、自分が政治家になったもともとの動機を見失い、その根源《こんげん》の願いがわからなくなってしまうのです。その結果、そこには、願いと欲望、本音《ほんね》と建前《たてまえ》がごちゃごちゃになった人間関係がつくられることになります。

しかし、「魂の学」のプロジェクトでは、お互いが人生の条件としての3つの「ち」を意識化し、それをいったん横において、1人ひとりが願いの原点に回帰《かいき》し続けながら、それぞれのはたらきに従事《じゅうじ》するのです。

社会の立場や役割以前の、「1人の人間として」という関わり——。中村さんはそういう人間関係の中で、1つの目的に向かって皆が響《ひび》き合うように協力する「響働《きょうどう》」を経験したのです。それは、新たな世界が開かれるような驚きの体験でした。

対話者としての政治家

政治家としての仕事の中で、中村さんは様々な方と出会います。中村さんは、「魂の学」の人間観に基《もと》づいて、「魂・心・現実」のまなざしで、お1人お1人と出会うことができるようになってゆきました。

政治家にとって、選挙に勝つことは至上《しじょう》命令です。中村さんも、それは変わりありませんでした。そのために、出会う方々が票につながるかどうか、その目で見てしまうことが当然のように起こります。

つまり、票になる人はマル、ならない人はバツ。

1章で取り上げた、「マルかバツか」の尺度《しゃくど》が無意識にはたらいてしまうのです。それは、政治家本人だけではなく、それ以上に後援会《こうえんかい》の人たちにもはたらいています。一見、票とは関係ない人に中村さんが関わっていると、「そんな票にならないことを……」と言われることも少なくありませんでした。

しかし、現在の中村さんは違います。中村さんは、対話者・同伴者としての政治家になっているからです。

その何よりの証人は、中村さんのご主人です。ご主人は、今は引退されていますが、長年にわたって、政党の事務局で仕事をされてきた方で、仕事においても、中村さんのパートナーを務《つと》めてこられました。そのご主人が、近年の中村さんの仕事ぶりに、感嘆《かんたん》の言葉をもらしています。

「お前は本当に人の話をよく聞くなあ。感心するわー」

しばらく前にこんなことがありました。

ある慰霊祭《いれいさい》に出席したとき、近くの幼稚園《ようちえん》の駐車場に車を駐車しました。ところが、その駐車場の前の家のご婦人が大変な剣幕《けんまく》で中村さんに怒鳴《どな》ってきたのです。

実は、その幼稚園は、かつて地域から反対運動を受けた経緯《けいい》があり、そのご婦人は今でもその存在を認めていなかったのです。

かつての中村さんなら、この人は票にならないとばかりに、「間違っているのはあなたの方でしょう」と3倍返しで言い返し、相手を撃退《げきたい》していたに違いありません。

しかし、今の中村さんの目には、その人がこう見えてしまうのです。

なぜそんなに怒っているのだろう。その背後にある願いは何で、どんな3つの「ち」がこの人をそうさせているのだろうか——。

中村さんは、「慰霊祭はもういいです。あなたの話の方が大切なので、もう少し話を聞かせてください」。そこから、対話が始まり、出会いが深まってゆくのです。

「存在の問い」からの道——人生のマキシマがここにある

2017年、中村さんは、30年に及ぶ議員活動が認められ、愛知県議で女性初の永年《えいねん》在職者顕彰《ざいしょくしゃけんしょう》を受けました。また、それを記念して、中村さんの肖像画《しょうぞうが》が議事堂の3階に掲《かか》げられることになりました。

中村さんの人生は、どのような青写真を抱《いだ》いているのでしょうか。

中村さんは、人生の生き方をどのように探究し、世界に対していかなる影響を与えてきたのでしょうか。

3階の肖像画は、中村さんがその人生をかけて出した、それらの問いに対する答えです。そこに詰まった中村さんの足跡《そくせき》——数々の実績と県民との関わりの実体は、その答えにふさわしいものでしょう。

しかし、中村さんはそれだけではないと感じているのです。

政治家としてこれだけの仕事をされてきたにもかかわらず、中村さんの中には、議員という仕事もたまたま巡《めぐ》り合わせで出会っただけで、それは本当のことを知るための介《かい》在《ざい》——。そんな気持ちがあります。

「現実」の次元では大切な仕事。十分な意味も使命もある。しかし、それは、もっと奥にある「心」と「魂」の次元で、私たちが応《こた》えなければならないものへの手がかり。なぜ、私たちはこの世界に生きているのか——。その答えを見出《みいだ》そうとされているのです。

今から41年前の1977年のこと——。

まだ高校2年生だった中村さんは、1度、私の講演会に参加したことがあります。

講演の中で、中村さん（写真左）の人生に秘められた深い意味を紐解いてゆく著者（写真右）。高校2年のときに著者の講演会に参加した中村さんは、20数年を経て「魂の学」を学び始めた。それは今、中村さんの「存在の問い」に解答を与え、「最高の人生」への導き手となっている。

幼い頃《ころ》から母子家庭という条件を抱《かか》える中で、何でも1人でできるように育てられた中村さん。気丈《きじょう》に振《ふ》る舞《ま》いながらも、その圧迫《あっぱく》の中で自分を支えきれず、無意識にも、もっと確かな生きるための礎《いしずえ》を探していた中村さん。

なぜ父は死んだのか。どうして私はこの人生なのか……。

疼《うず》きのように湧《わ》き上がってきたいくつもの疑問──「存在の問い」は、誰《だれ》に尋《たず》ねても答えてはもらえませんでした。

ある日、書店で私の本を手にし、「ここに答えがあるかもしれない」と直感した中村さんは、当時、電車や駅に貼《は》られていた講演会のポスターを目にして、名古屋市公会堂に1人で足を運んだのです。

公会堂は人であふれ、その熱気に高校生の中村さんは圧倒《あっとう》されてしまいました。私がお話ししたこともまだよく理解できないながらも、周《まわ》りの人たちが本当に感動している様子が鮮明《せんめい》に胸に刻《きざ》まれたのです。

その出会いは一回生起《いっかいせいき》の出会い。その後、「魂の学」とのつながりは、途切《とぎ》れたように見えました。

しかし、そうではなかったのです。その内容を理解することはできなくても、体験は強烈《きょうれつ》な何かを中村さんの中に残しました。いうならば、「魂の学」体験は半身《はんしん》を欠いたまま、中村さんの心の奥に刻《きざ》まれたのです。

それから20数年後、たまたま路上で、あるご夫婦を助けたことがきっかけで、中村さんは、再び「魂の学」と出会うことになります。ご夫婦から私の本を贈《おく》られ、その名前を目にしたとき、高校生のときの体験が一瞬《いっしゅん》にして蘇《よみがえ》りました。

人生の経験を積み、社会の中ですでに重責《じゅうせき》を果《は》たしてきた中村さんが、「魂の学」体験の欠けた半身を取り戻《もど》すのは、時間の問題でした。そして、それを手にしたとき、「魂の学」は、中村さんの「存在の問い」に答えをもたらす、大きな拠《よ》りどころとなったのです。

そして中村さんは、「魂の学」こそ、自分にとっての人生のマキシマを導《みちび》き、「最高の人生」を実現させるものと確信しているのです。

人は、誰《だれ》もが魂としてこの世界に生まれてきた存在です。人生の目的と使命を抱き、それに応え、それを果たすために、魂を磨《みが》いて人生を歩む——。しかし、多くの人は、中村さんがそうだったように、自分の意図《いと》とは関係なく、様々な3つの「ち」を背負わされ、その重力圏《けん》である「宿命の洞窟《どうくつ》」に身を沈《しず》めることになります。

でも、そこからその重力と闘《たたか》い、それを逆転し、「宿命の洞窟」から脱出《だっしゅつ》できるのも人間です。本書でご紹介した様々な人生には、ことごとく、その闘いと逆転の足跡《そくせき》が刻まれています。

さらに驚くべきことに、人生はそれだけではないのです。**私たちを不自由にした、その3つの「ち」を背負ったからこその輝《かがや》きを発することができる。そして、そこにこそ、1人ひとりの人生の目的と使命を果たす道が開かれるのです。**

その道を歩むのはあなた自身です。それは、宇宙の中であなただけに開かれた道であり、他に取り替《か》えることのできない唯一《ゆいいつ》の光を放《はな》つものです。

いかなる人生を歩もうとも、すべての人は、「宿命の洞窟」から始まり、「運命の逆転」の段階を通って、やがて「使命の地平」に向かって歩む――。

それこそ、人生のアルファとオメガ――。

そこに、「最高の人生」への道が燦然《さんぜん》と輝いているのです。

※本書の内容をさらに深く知りたい方には、
「魂の学」を学び実践する場、ＧＬＡがあります。
詳しくは、電話０３−３８４３−７００１まで
お問い合わせください。

著者プロフィール
高橋佳子（たかはし けいこ）

現代社会が抱える様々な課題の根本に、人間が永遠の生命としての「魂の原点」を見失った存在の空洞化があると説き、その原点回復を導く新たな人間観・世界観を「魂の学」として集成。誰もが、日々の生活の中でその道を歩めるように、実践の原則と手法を体系化している。

現在、「魂の学」の実践団体GLAを主宰し、講義や個人指導は年間300回以上に及ぶ。あらゆる世代・職業の人々の人生に寄り添い、導くとともに、日本と世界の未来を見すえて、経営・医療・教育・法務・芸術など、様々な分野の専門家への指導にもあたる。魂の次元から現実の問題を捉える卓越した対話指導は、まさに「人生と仕事の総合コンサルタント」として、各方面から絶大な信頼が寄せられている。

1992年から一般に向けて各地で開催する講演会には、これまでに延べ130万人を超える人々が参加。主な著書に、『あなたがそこで生きる理由』『運命の逆転』『未来は変えられる！』『魂主義という生き方』『1億総自己ベストの時代』『希望の王国』『魂の発見』『新・祈りのみち』『あなたが生まれてきた理由』（以上、三宝出版）ほか多数。

最高の人生のつくり方——グレートカオスの秘密

2018年10月24日　初版第1刷発行
2019年 2 月15日　初版第3刷発行

著　者　高橋佳子
発行者　仲澤　敏
発行所　三宝出版株式会社
〒111-0034　東京都台東区雷門2-3-10
電話　03-5828-0600　http://www.sampoh.co.jp/
印刷所　株式会社アクティブ
装　幀　株式会社ブッチ

ISBN978-4-87928-123-4